우리 가족이
처음 지은 집

국립중앙도서관 출판시도서목록(CIP)

우리 가족이 처음 지은 집 :
집짓기에 먼저 도전한 이웃들의 성공 포인트 /
건축주 가족 지음 ; 마티 편집부 엮음.
서울 : 마티, 2012
p.324 ; 168×231mm.

ISBN 978-89-92053-70-9 13610 : ₩22,000

집짓기

617.81-KDC5
728.37-DDC21
CIP2012004860

집짓기에
먼저 도전한
이웃들의
성공 포인트

우리 가족이 **처음 지은 집**

건축주 가족 지음 / 마티 편집부 엮음

마티

"모든 과정을 관통하며
노동의 수고로움에 대한
대가를 지불하는 것.
집은 쇼핑이 아니다."

황석주 건축주

"땅을 계약한다고 당장 집을 지을 수 있는
것은 아니다. 토지 계약 전에 신중하라."

한혜인 건축주

"아파트 단지와 달라서
땅값은 순간순간 변한다.
땅 찾기가 집짓기의
팔할이다."

이성민 건축주

"'직접 발주'는 건축주가
직접 시공을 진두지휘하는
방식을 뜻한다. 직접 발주로
진행하고 싶다면, 우선은
정확한 실시설계 도면을
갖고 있어야 한다."

심재록 건축주

"한번 지나간 공정은
돌이키기 어렵다.
'체크는 시기'다!"
문화라 건축주

"평당 단가는 집을 다 짓고 나서
총액으로 환산을 하는 셈일 뿐이다.
1~2평 는다고 실제 건축비가 비례해서
올라가지는 않는다. 오히려 너무 좁으면
비용이 높아질 수도 있다."
이수정 건축주

"견적이 구체적이며 공사 항목에 대해
성실하게 상담해 주려는 마음을 지닌
시공사를 찾아야 한다."
이지선 건축주

"작은 현장일수록
순발력이 중요하다.
한끝 차이로 몇 십만 원
차이가 난다."
김준산 건축주

"제반 관련법에 관한 지식과 땅의 문제를 예측하는 판단력이 건축가의 능력에 포함된다."

류창남 건축주

"집은 관계이다. 집은, 사람들(人) 사이(間)에 있다."

고희석 건축주

"설계를 살짝 변경해 비용을 상당히 줄일 수 있는 의견을 시공사가 제시하면 마음을 열고 들어볼 일이다."

장인오 건축주

"이재에 밝은 내가 이 집을 지은 까닭은 지금 당장 행복하기 위해서다. 행복을 유보하지 않기 위해서다."

김준희 건축주

"설계에는 그저 공간을 배치하는 평면을 뛰어넘는 무척 소중한 가치들이 분명히 있다."

김민주 건축주

"시골에서 실력 있는 기술자를 구하기가 어려웠고, 자재를 구입해서 내려 보내는 데에도 지방이 훨씬 불리하다."

박종주 건축주

"세상에나! 이런 돈도 들어가나 싶은 게 한둘이 아니다. 꼼꼼한 비용항목 정리가 필수."

이재훈 건축주

"사선제한뿐만 아니라, 담장 높이, 조경수까지 법으로 정해진 곳도 있다."

이은주 건축주

책을 엮으며

우리 이웃들이 집을 짓기 시작했다

우리 이웃들이 집을 짓기 시작했다. 『두 남자의 집짓기』가 나온 지 불과 1년 6개월이 지났을 뿐이지만, 그 사이 집을 둘러싼 공기는 확연히 달라졌다. 전국의 미분양 택지는 이제 웃돈이 붙었고, 집짓기 관련 책은 서점에서 하나의 분야를 이루었다. 인테리어와 수납이 주를 이루던 기존의 시장에서 우리 가족만의 삶을 담아낼 수 있는 공간에 대한 갈증을 풀어주는 다양한 건축 관련 책들이 속속 출간되고 있다. '집의 가치'에 대한 새로운 생각과 고민이 책으로 이어진다는 점에서 더더욱 반갑고 즐거운 변화이다.

도서출판 마티의 '좋은 집 시리즈' 네 번째 책 『우리 가족이 처음 지은 집』은 지난 1년 6개월 사이, 주저하지 않고 먼저 '집짓기'라는 일생일대의 지름을 감행한 이웃들의 이야기이다. 집을 지은 이야기를 기자가 취재하는 형식이 아니라, 또는 건축가가 집을 소개하는 방식이 아니라, 건축주가 직접 펜을 들어 예비건축주들에게 하나하나 꼼꼼하게 짚어주는 '처방전'과 같은 방식으로 엮어냈다.

남들보다 먼저 도전한 이웃들의 생생한 이야기를 들어보자는 심산으로 시작된 이 기획이 한 권의 책으로 완성되기까지는 꼬박 1년이 걸렸다. 저간의 사정도 집집마다 각양각색인지라, 기획자가 만난 열여섯 가족은 '이것만은 꼭 알려주고 싶다'며 진심을 다해 열정적으로 이야기보따리를 풀어놓았다. 기자의 취재도, 건축가의 작품 소개도 아닌, 평범한 이웃들이 직접 써내려간 체험담은 어떻게 다를까?

열여섯 가족의 특징적인 체험과 에세이를 그대로 살리기 위해 이 책은 글과 사진을 따로 구분했다. 제목과 함께 소개된 간략한 정보들(건축가, 시공사, 면적, 비용 등등)에 이어 집의 전체적인 설계 구성을 볼 수 있는 평면도(또는 단면도)를 배치했다. 평면도를 통해 대략의 면적과 공간 구성을 상상한 뒤, 건축주들이 직접 쓴 에세이를 만날 수 있다. 에세이는 확연하게 다른 건축주의 경험과 노하우를 그대로 드러내기 위해 사진 자료 없이 텍스트만으로 구성했다. 글이 흐르는 안쪽

여백에는 원형의 아이콘과 함께 쪽수를 기재했다. 일종의 '찾아보기' 기능으로, 텍스트에 관한 사진과 보충 설명이 있는 쪽수를 표기한 것이다. 글을 읽다가 집의 실제 모습이나 보충 설명이 궁금하면 작게 표시된 쪽을 바로 찾아보면 편리하다. 에세이에 이어 각 집의 실제 모습이 소개된다. 전체적인 전경에 이어 주요 시공 과정, 집의 큰 주제와 더불어 세세한 인테리어까지 사진으로 만날 수 있다. 사진들은 가급적 과도한 보정을 거치지 않고 현실적인 모습 그대로를 실었다. 전체 비용과 기본적인 자재들, 설계비 등을 모두 공개했고 이에 따른 결과물을 현실적으로 예상해볼 수 있도록, 집이 더 크고 근사해 보이는 장치를 가급적 사용하지 않았다.

과감하게 집짓기를 시도하게 된 결정적인 동기가 무엇인지를 잔잔한 고백체로 써내려간 건축주가 있는가 하면, '땅 찾아 삼만리' 고생한 후일담을 풀어낸 건축주도 있다. 건축가나 시공사와의 계약 관계에 집중한 원포인트 티칭에 무게 중심을 둔 글이 있는가 하면, 비용 운용 등 경제적인 측면에 집중한 경험담도 있다. 잦은 설계 변경, 현장에서의 대처 능력, 사용승인(준공) 절차에서 겪은 어려움을 조언한 건축주도 있다.

집을 짓는다는 것은 집을 사는 것과는 엄연히 다른 차원의 도전이다. 열여섯 건축주의 진지하면서도 따뜻한 조언들은 과도한 기대나 꿈에 무게를 두기보다, 한땀 한땀 집짓기 과정을 즐기고 극복할 수 있어야 한다고 강조하며 이 모든 과정을—견디든, 즐기든, 극복하든—끝냈을 때 비로소 진정한 행복이 가족 앞에 당도한다고 입을 모아 격려한다.

먼저 도전한 열여섯 가족의 땀과 시행착오가 또 다른 가족들에게는 유익한 길잡이가 되길 희망한다.

- 도서출판 마티 편집부

contents

01 파주 교하 인생의 다른 과녁을 만들다

대여섯 걸음에
다 건너뛸 것 같은 크기.
딱 이 정도면 되는 건데
사람의 욕망의 크기는
몇 평이나 될까.

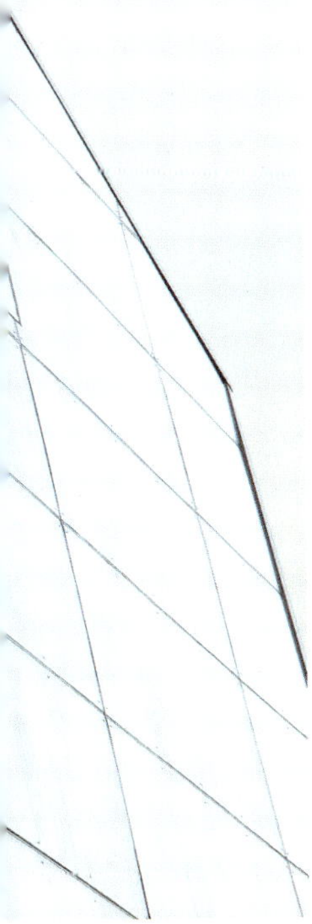

건축주	황석주, 조유경
가족 구성	부부 + 자녀2
건축가	봉일범
시공사	광장A&D
대지면적	305㎡ (92평)
건축면적	49.58㎡ (15평)
연면적	138.9㎡ (42평)
구조	2층+다락 / 목조
설계 기간	2개월
시공 기간	5개월
설계비	2,200만 원
전체 시공비	1억 7,000만 원

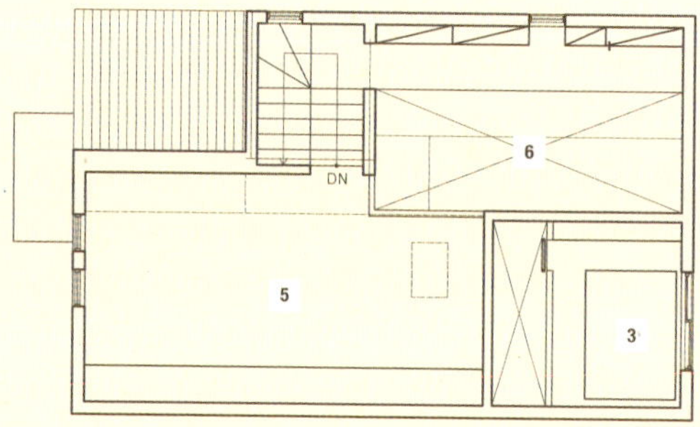

다락

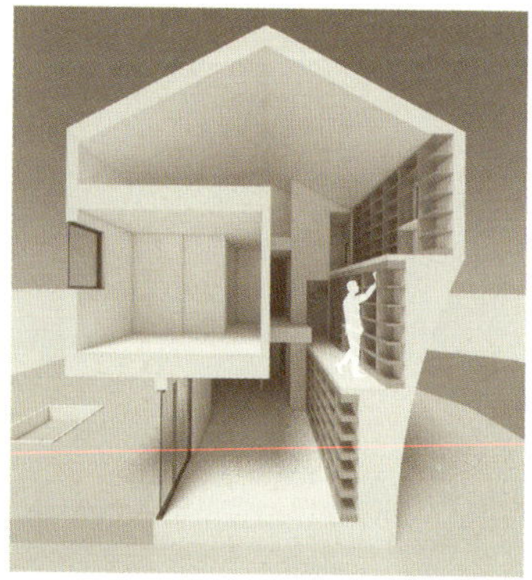

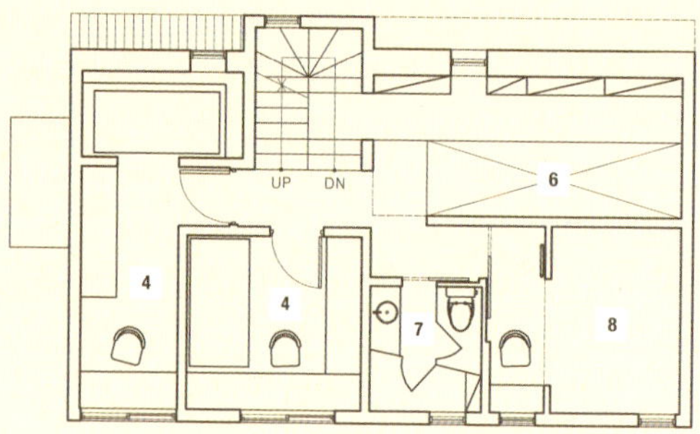

2층

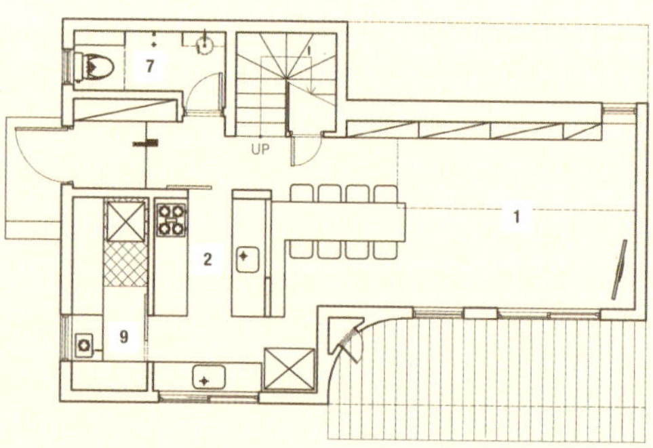

1층

1. 거실
2. 부엌
3. 안방
4. 방
5. 다락
6. 서재
7. 화장실
8. 드레스룸
9. 다용도실

서울을 떠났다

정확히 12년 6개월 만이다. 집이라는 '기억'에 아직 살아갈 날들과, 내가 없어져도 계속 살아갈 아이들의 날들과, 그 아이들의 아이들 기억까지 모두 새겨보고 싶었다. 사랑하는 이가 마당을 거닐고 방바닥을 쓸어보는 것만으로 내 삶의 흔적을 기억해줄 수 있도록. 서울을 떠났다는 얘기에 많은 사람들이 '대단한 용기'라며 놀라워했다. 아이들 교육은 어떻게 하나, 그래도 아파트를 어떻게 떠나나…. 놀라움 뒤에는 늘 조심스러운 우려가 몇 가지 달려 나왔고, 이 모든 걸 '포기'했으니 엄청난 결단이라는 결론으로 끝을 맺었다.

절친의 할배는

어느 시골구석에 살다가 뜻한 바 있어 괴나리봇짐 하나를 들쳐 메고는 수십리 길을 걸어 대구로 나오셨다. 주위를 휘이 돌아보니 그럭저럭 살만한 동네라. 말뚝 박고 집 올리고 그렇게 일가를 이루셨다. 절친이 사는 동네는 대구역에서 500미터쯤 떨어진, 후에 굴다리가 생기고 집창촌이 생겨난 도시의 음습한 뒷마당. 대구역 주변으로 대형 아파트 단지가 들어서고 할인마트가 생기고 백화점들까지 들어찼건만, 그 동네는 마냥 그대로다. 절친과 술 한 잔 하고 나면 은근히 할배 얘기를 청한다. 녀석의 구수한 대구 사투리가 좋다.

"아이고 할배요오. 수십리 걸었으모 오백 미터만 더 걷지!"

인생 오백 미터

우리는 대체로 옳은 방향으로 걸어가지만, 오백 미터 오차 범위 내로 들어서는 건 오백 미터 밖의 파리 뒷다리를 맞추는 것과 같다. 과녁을 명중시키려 목동으로 강남으로 애들을 몰아치던 선배들이 결국 "그저 인 서울!"을 외치는 걸 보면, 서울이라는 수십 킬로미터짜리 과녁을 맞추기란, 그걸 목표로 살아가기란, 애초에 이건 뭔가 대단히 잘못됐다.

자본주의는

사람들의 불안을 먹고 성장한다. 남들 다 하는데 나만 안 하면, 우리 애만 학원 안 보내면, 나만 집 안 사면 하는 불안과 초조. 학원 특목고반에 다니느라 새벽 한 시나 되어야 집에 온다는 중학생의 아빠에게 투덜거려본다.
"아니 선배. 옆에 특목고 나와서 명문대 다녔다는 직원 앉아 있잖아요. 선배하고 뭐 다른 거 있어요? 월급 똑같이 받고, 승진 똑같이 하고, 해고될까 전전긍긍하고. 뭐하러 애를 그 고생시켜요?"
"그래도…, 그게 있잖냐…. 그게 그렇지가 않다."
선배의 한숨은 술자리보다 길다.

잘 모르겠다

아이의 인생을 두고 모험할 수는 없다는 말도 맞다. 그럼에도 빤한 인생을 사는 삶이 너무 지루해 내 아이들은 남들과 다른 삶을 살았으면 싶었다. 다들 포기라고 하던데, 나는 '선택'이었다. 어쩌면 각박한 현실에 몰입하는 사람들보다 더 큰 욕심을 부리는 것인지도 모른다.

어릴 적 살던 시골집은

교회와 담벼락을 면해 있었다. 바랜 초록색 철제 대문과 회색빛 벽돌담으로 둘려 쳐진 반들반들한 마당에서 땅 따먹기, 구슬치기를 하며 놀았다. 한켠 수돗가에서는 어머니가 생선을 다듬었다. 고등어 배를 가르고 속을 꺼내다 팔딱팔딱 뛰는 심장을 옆에 내려놓고는 "이거 봐라" 하며 싱긋 웃었다.
목수였던 아버지 덕분에 고향집은 계속 모양이 변했다. 그럼에도 집에 대한 모든 기억이 또렷하다. 기대면 벽지 뒤로 흙이 와르르 떨어지던 벽, 천정에서 우르르 쥐들이 몰려다니면 야옹야옹 하며 놀던 안방, 군불 때던 작은방과 아궁이에서 양파를 구워주던 형님. 큰누이 시집가는 날에는 가마솥 연기가 어찌 그리 매운지 그저 엉엉 울어버렸다. 세살 터울 누이의 등에 업혀 멀리 신작로를 바라보면 밭일 갔다 돌아오는 아버지의 작은 경운기가 보였다. 어느새 아들은 그 나이, 딸은 작은 누이의 나이가 되었다. 이 아이들이 자라나면 자기들의 집을 지어 나가겠지.

"아부지요. 저 땅 샀구매."

면허증 갱신 기간을 놓쳐 벌금을 내고 자동차 면허시험장 앞마당에서 아버지께 전화를 드렸다. 따뜻하니 나른한 봄날 햇살에 졸고 있던 자전거가 퍼뜩 고개를 든다.

p.27

"어데요. 농사는요…, 집 질라꼬예."

수화기 너머로

아버지의 들뜬 목소리가 전해온다. 엄하지 않았으나 어려웠고, 온화했으나 다가가기 어려웠던 분, 아버진 그랬다. 큰 소리로 대들어본 적도 없고 함께 낄낄대며 웃어본 적도 없는. 아버지는 어릴 적에 근동에서 신동으로 소문이 났다 했다. 글과 그림과 셈에 재주를 타고났지만 어찌 하다 보니 배움은 짧았다. 신동이라는 친척들 말씀도, 군대 있을 때 간판에 '뺑끼칠'하는 걸 보고는 "미대에 보내주겠다"는 제안을 받으셨단 얘기도 그저 반신반의 했는데, 몇십 년 만에 만나는 어릴 적 친구 분이 "우리 천재가 촌구석에서 머하노!" 소리 지르며 들어오시는 걸 보고는 다 믿기로 했다. 팔순을 바라보지만 아직도 손에서 책을 놓지 않는 농사꾼.

부모님도 땅을 사셨다

"묏자리 좀 봐 놨다, 계원 중에 땅 판다 카그등 얼른 샀다. 거가 볕도 좋고 해가. 나중에 아이들 와가 놀다 가고 하마 안 좋겠나."

뒷자리 장만한 노인네들 표정이 집 짓는 아들 못잖게 싱글생글하다.
"아고 엄마요. 거기 드가 누우실 때믄 울 애들 시집장가 다 가서 증손주 안고 올낍니더."
입은 삐죽거려 보지만, 좋아하시는 모습에 유쾌해졌다. 무탈하게 늙어가며 생의 굴곡을 다 넘어서면 뒷등에서 미끄럼 타는 아이들 생각에 죽음도 즐거울 수 있나 보다. 대여섯 평, 200만 원. 따뜻한 햇볕과 좋은 전망 값치고는 참 싸다.
노인은 삶을 정리하느라, 아들은 삶을 펼쳐보느라 땅을 산다.

설계를 부탁한 봉일범 교수와

두어 차례 만나 이야기를 나누고 여러 차례 이메일을 주고받았다. 처음 외관 모형을 봤을 때는 그 작고 사랑스러운 모습에 숨이 턱 막혔었는데, 공사를 진행하며 몇 번의 우여곡절을 겪고는 차고 모던한 모양으로 변했다.

건축가에게 도면을 받고

집에 대한 컨셉과 외관과 내부 등에 감탄하고 감동받고 나서부터는 서서히 줄자를 들이대기 시작했다. 도면에 있는 공간은 도무지 실감이 나지 않는 것이라, 살고 있던 아파트 방바닥에 검은 테이프로 이리저리 줄을 그어가며 크기를 가늠해보곤 했다. 퍼즐 맞추기처럼 방 위치도 옮겨 보고, 화장실도 옮겨 보고, 주방도 건드리다 보면, 나중에는 천정에 당구공이 왔다갔다 하는 것처럼 눈앞에서 방들이 왔다갔다 한다.

도면은 출력해보면

A4 용지 반밖에 안 되는데, 열심히 퍼즐 맞추기를 하다보면 종이 위에서 아이들이 우르르 몰려다니고, 밥을 먹고, 책을 읽고 있다. 싱크대에서

디제이처럼 접시를 돌리는 아내가 보이고, 손님들이 왔다가 떠나고, 어두컴컴한 마당을 바라보며 차를 마시는 내 모습도 보인다. 종이 위에서 아이들이 갑자기 자라나더니 중학생이 되고, 고등학생이 되고, 대학생이 된다. '방이 작겠네' 혼잣말을 하니, 애가 갑자기 손주를 안고 쑥 들어오는 생각까지…. '이건 오버야…' 하며 다시 도면 속으로 빠져든다.

봉일범 교수는 상담할 때 "이 집에서 평생 살 생각하시는 거죠?" 하고 몇 번을 물어보더니, 도면에 앞으로 살아갈 날들에 대한 따뜻한 배려를 실어 놓았다. 평범한 가족들의 일상이 세세히 귀하게 존중받는 느낌. 좋은 건축가와 함께 이야기를 나누는 것은 좋은 집을 짓는 가장 중요한 첫 걸음이다.

건축 예산을 얼마로 잡느냐

그 예산으로 어떤 집을 지을 수 있느냐 하는 것은 건축주가 판단하기 힘든 문제다. 건축주 입장에서 예산은 신경 쓰되, 미리 겁먹고 설계에 반영할 필요는 없다. 평당 단가가 중요하지 않다는 얘기는 교과서적으로만 옳을 뿐, 건축주가 건축 전문가가 아닌 한 건축 비용은 결국 평당 단가로 정해진다. 건축주와 시공사의 밀고 당기기가 일정 정도 필요해지는데, 적절한 균형을 잡기가 쉽지 않다. 지금 준비하고 있다면 그간 단독주택이 많이 지어졌을 테니 시공을 잘한다고 소문이 난 시공사와 계약하고, 주변 건축 시세대로 지불하는 것이 가장 합리적인 방법이겠다. 어쩌다보니 대충 때려 맞추는 견적과 신뢰와 신뢰에 대한 보답, 어쩌면 약간의 배신이 어우러진 아주 인간적인(?) 집짓기가 되어버렸는데, 좋은 경험과 배움이라 생각하며 위로하기로 한다.

살면서 열정이 온 몸을 휘감아

잠 못 들게 하는 시간도, 냉정이 온몸을 휘감아 잠 못 들게 하는 시간도 있다. 집을 지을 때도 마찬가지. 설계안을 받아 들고 온몸을 부르르 떨며 흥분하다가 견적서를 받아 들고는 깊은 한숨에 빠져든다. 아내의 고민과 남편의 고민은 조금 결이 다르다. 아내는 당장의 현실적인 예산을 생각하고, 남편은 뭔가 승부를 걸 싸움 상대를 만난 듯이 전투 의지를 불태운다. 대학을 마치고 직장생활 10년, 이제는 어디 더 좋은 곳을 찾아 이직하기도 어렵고, 스스로 뭔가를 결정할 수도 없고, 여전히 부속품으로 날개 꺾여 살아가는 한낱 직장인. 어깨 처진 가장에게 집이라는 것은 정체성을 확인하고 자아를 실현하는 형이상학적인 욕망이 될 수도 있다. 물론 시간이 흐르면 점점 기회비용을 계산하다 다시 소심해지며, 하루에도 몇 번씩 열탕과 냉탕을 왔다갔다 한다. "내가 말이야, 10년을 꼬박 다녔는데 돈을 이거밖에 못 벌었다." 술잔 놓고 하소연하다가, "야야. 승진하고 월급 오르면 금방 다 만들 수 있는 돈이야!!" 큰소리도 치다가. 남자에게 가족이라는 것, 그 가족들이 평생을 생활할 집을 짓는다는 것은 이런 일이다.

공사가 시작되었다

사람 키만큼이나 수북하게 자란 잡초들이 잘려 나가고, 거푸집 세울 자리를 만드는 작업이 진행됐다. 1층 바닥 모양으로 땅이 파지고, 파진 곳에 가는 철근과 시멘트가 쳐진다. 그림으로만 보던 바닥 모양이 처음으로 실체를 가진다. 참 작다. 삼차원과 이차원의 공간감 차이라고도 하고, 그저 집은 완성되기 전에는 다 작아 보인다고들 한다. 전화 너머 아버지는 "원래 집터는 쪼매하다" 하신다. 작아 보이는 것이 아니라 작은 거라고.

p.28

크게 내딛으면

대여섯 걸음에 다 건너뛸 것 같은 크기. 딱 이 정도면 되는 건데. 사람 욕망의 크기는 몇 평이나 될까.

회사에 다니면서

p.28

집을 짓게 되니 정작 집이 올라가는 모양을 구경할 시간이 없다. 조금 일찍 퇴근한 저녁에 후다닥 다녀오기도 하고, 애들이 잠든 밤 열두 시에 갑자기 맘이 동해 차를 몰고 나서기도 했다. 항상 어둑할 때에 봐서 그런 건지 집 골조가 올라간 모양은 낯설었다. 수도 없이 쳐다본 평면도라 주방, 화장실, 방 모두 금방 알아볼 수 있었는데도 그 낯설음은 쉬 가시지 않았다. 어쩌면 삶에 대한 낯섦이었는지도 모르겠다. 내 삶에 스스로 아무 기여를 하지 않았음에도 살아지고 살아가듯이, 집이라는 생물이 내 것임에도 그저 만들어지고 자라나는 것이 그랬는지도. 뼈대를 고스란히 내보이며 서 있는 모양이 마치 살아 있는 생명체 같다. 집의 골조를 구경하는 것은 집 짓는 사람만이 가질 수 있는 경험이다. 완성된 결과물을 돈으로 사는 것이 아니라, 그 모든 과정을 관통하는 노동의 수고로움에 대한 대가를 지불하는 것. 집은 쇼핑이 아니다.

집이 모양을 갖추면서 점점 건축가가 경이롭다

건축가는 자신보다 훨씬 큰 것들을 만들어내지만 봉일범 교수는 특히나 아담하다. 집의 공간감과 체적을, 그 비례를 건축가는 피부로 느끼는 듯하다. 숫자와 선으로 된 도면에서 입체감을 체화하기 위해 상상 속에서 수도 없이 집 안을 걸어다니고, 계단을 오르내렸다 한다. 덕분에 시공사만 죽어난다. "이게…, 이 느낌이 아니에요" 하니, 그 느낌을 또 좇는다. 가끔 시공과 관련된 사람들을 만나면 "유명 건축가와는 절대 작업을 같이 하지 않는다"란 얘기를 듣는다. 그럴만도 하다 싶다. 잔잔하고 부드러운 사람 속 어디에 그런

옹고집과 집념이 숨어 있는지 작은 결함도 참고 넘어가질 않는다.

시간이 지날수록 다들

집과 사랑에 빠지는 걸 느낀다. 다양한 이유로. 하지만 동기는 각자 인생사의 결론으로, 모두들 이 집이, 이 집짓기가 인생의 한 꼭짓점을 찍을 거라 느끼고 있다. 그렇게 집은 사랑받으며 올라간다. 하늘 향해, 뚜벅뚜벅.

"집 어땠니?"

"좋았어!!"

"어디가 좋아?"

"계단!!"

아이들도 올라간다. 우당탕탕탕.

시간에는 밀도가 있다

옅게 흘러가던 시간이 갑자기 공사 막바지에 이르러 육중하게 흐른다. 입주 날짜가 일주일 남은 시점까지 아주 정신없이 공사가 진행되더니, 결국 2주 동안 다른 집에서 더부살이를 했다. 항상 열흘이 부족하다. 건축주는 입주 날짜를 최대한 늦춰 잡는 것이 좋다. 그러고도 부족한 것이 시간이다. 공사 중반부터 시공사의 다른 현장에 문제가 생기는 바람에 영향을 크게 받았다. 인력과 자재 투입도 원활하지 못했고, 시간에 쫓기며 공사도 급하게 진행됐다. 급할수록 돌아가라 했는데, 그러질 못했다. 재시공을 반복하면서 시공사도 건축주도 많이 지쳤다.

건축주가 지쳐 나동그라진

막바지, 끝까지 밀고 나간 것은 건축가였다. "어려움이 많고, 크고 작은

p.30

문제들이 생기고 있지만, 분명하게 말씀드릴 수 있는 것은 이 집이 점점 더 좋은 방향으로 건축되고 있다는 점입니다"라는 확신에 찬 그의 말은 적잖이 위로가 되었다. 집의 절반은 건축가의 공이다. 좋은 친구와 목사님 내외의 격려도 컸다. 함께 기뻐하고, 함께 아파해 준 마음의 빛이 집을 더욱 사람 사는 곳으로 만들어주었다. 어려운 상황에서 끝까지 최선을 다해준 시공사에도 그 외로움에 대한 위로를 보내고 싶다. 사람은 무릇 서로 기대어 걸어가는 형상 아니었던가.

긴 우여곡절 끝에

단독주택에 들어와 지내고 있다. 열정이 휩쓸고 간 자리에 떠도는 약간의 허무함과 소소한 아쉬움들이 남아 있지만 누구에게나 "행복하다" 말한다. 아파트에 살면서는 아이에게 "우리집 이쁘니?" 하고 물어본 적이 없다. 물어봤다 하더라도 아이는 쉬 대답하지 못했으리라. 아이가 몸으로 깨친 '집'이라는 형상과 아파트는 서로 일치되지 않는다. 지금 아이는 우리집이 이쁜 이유를 수도 없이 말할 수 있다. 역시 가장 즐거운 것은 아이들이다. 단순히 '아랫집'이 없어서 마음대로 뛰어다닐 수 있기 때문만이 아니다. 아파트라는 공간이 아이들의 내면을 은근히 압박하며 위축시키고 있었음을 새삼 느낀다. 하루 이틀 지날수록 마치 봉인이 풀린 꼬마 악마들처럼 해방감을 만끽한다. 아파트보다 훨씬 작은 평면이지만, 문을 열면 나오는 넓은 마당이 몸을 옥죄던 공간의 빗장을 풀어버린 모양이다. 가끔 꼬마 친구들이 찾아오는 날이면 2층으로 다락으로 헤집고 다니며 온 집안을 탐험한다. 부모들은 1층에서 여유롭게 차를 마시며 환담을 나눈다. 아이의 볼에 복사빛 환한 홍조가 생겼다. 그 터져 나오는 에너지들을 어떻게 묻어놓고 컸을까 싶다.

p.35

밤이면 아내와

마당을 한 바퀴 돌며 이야기를 나눈다. 각자의 삶에서 마주쳤던 일들, 마음속 생각들, 아이들 이야기를 조곤조곤 나누다 보면 도시에서는 보기 힘들었던 새카만 밤빛과 별빛이 머리 위에 환하다. 서울과 아파트 숲을 떠나오고 나니 직장과 가정도 완전히 분리된다. 돈을 벌기 위해 사는 것도, 살기 위해 돈을 버는 것도 아닌, 직장은 직장, 집은 집. 이제서야 온전한 삶을 살게 된 느낌이다.

긴 인생을 염두에 두고

설계한 집이라, 아직 탐험하며 즐기지 못한 공간들이 많이 남아 있다. 건축가가 나를 위해 만들었다고 하는 다락방 작은 탁자도, 긴 서재 복도에 기대앉아 책을 보는 호사도, 천창 아래 햇살 맞으며 한 숨 돌리는 여유도. 앞날을 더 기대하게 만드는 이런 희열을 느끼는 것은 과연 얼마만인지. 나와 함께 집도 늙어가면 언젠가는 차 한 잔 나눌 수 있지 않을까. 나를 지어주어 고맙다, 나를 품어 주어 고맙다, 서로 멋쩍은 인사치레도 하면서.

봄이 오면

마당에 잔디를 심고 꽃과 나무를 심을 생각이다. 땅 따먹기를 하겠다는 아이들을 위해 마당 한켠은 비워 두어야 한다. 이 집은 '우리집'이니까.

© 봉일범

© 봉일범

준공 당시 사용한 외장재는 폴리카보네이트 판넬(왼쪽 사진)이었다. 단단하고 이지적인 느낌이 들어 전체적인 실루엣과 무척 잘 어울리는 외장재였으나 한겨울을 보내면서 결로 문제가 생겨 건축가와 다시 상의한 끝에 흰색 스타코로 바꾸었다.

현장에는 늘 수십 장의 도면들이 펄럭인다. 공정마다 도면을 확인하고 건축가와 상의한다. 건축가의 현장 감리는 보통 1주일에 1회이지만, 사실 거의 매일 통화하고 수시로 현장을 오간다. 골조가 올라가는 모습은 경이롭다. 나무로 지으니 아이들이 현장에 가서 직접 보고 만져도 해로울 게 없다. 골조부터 완공까지 가족 모두가 함께 집을 짓는 느낌이다.

거실 한쪽에 놓인 긴 식탁은 여러 기능을 담당한다. 부엌은 11자형으로, 조리대 안쪽으로는 제법 넓은 세탁실과 다용도실이 있다.

1층부터 다락까지 전체 벽면이 서재이다. 면적은 작지만 층고를 높이고 벽면 전체를 늘 활용하니 공간감이 좋다. 아이는 종일 소굴에서 논다.

1 부엌으로 들어가는 복도 한 켠을 이용해 수납장과 함께 아늑한 공간을 만들었다.

2 주방에서 가사일을 하면서도 언제나 거실과 서재를 바라볼 수 있다.

3 다락 한켠의 좌탁

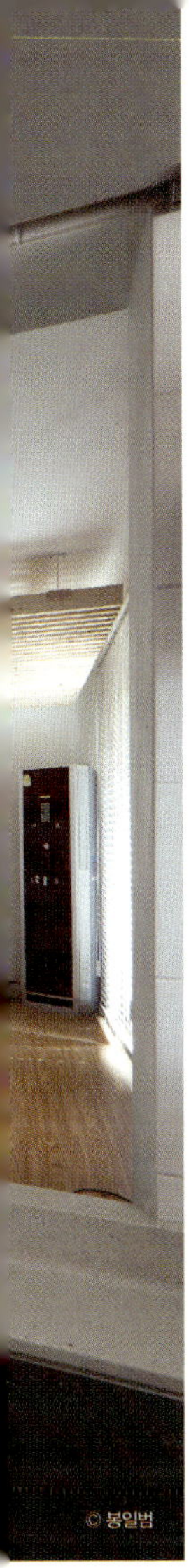

4 부부침실쪽 다락으로 올라가는 사다리.

5 딸아이가 사용하는 한쪽 다락방.

6 2층 세면실과 욕실, 화장실이 작지만 기능적으로 나누었다.

거실 문으로 열린 테라스를
만들었더니 아이들은 현관을 아예
이용하지 않는다. 거실문으로 마당을
들락날락. 휴일마다 아이와 집
가꾸기에 여념이 없다.

HD

02 일산 성석동
비상, 솟아오르는 삶을 꿈꾸다

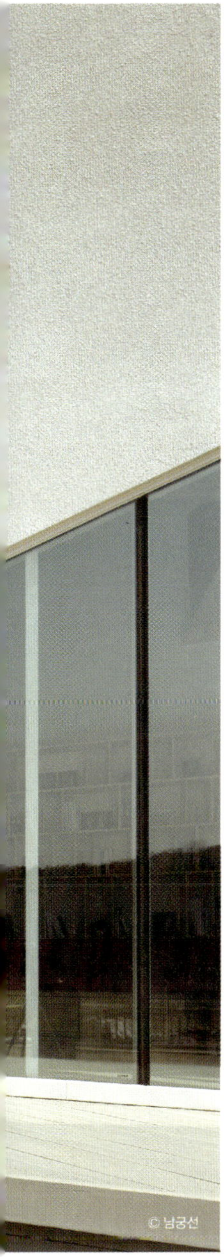

© 남궁선

건축가는 우리와의 첫 번째 미팅 후 끓어오르는 상상력을 주체하지 못한 채 새벽녘 폭우를 뚫고 집터로 차를 몰았다고 했다. 그 폭우를 온몸으로 맞으며 번쩍번쩍 번개가 내리치는 그곳에서 '비상'의 영감을 얻었다 했는데…, 과연, 신기(神氣)가 느껴지는 그림이었다!

건축주	이규엽, 한혜인
가족 구성	부부 + 테리와 샌디(골든리트리버)
건축가	문훈(문훈발전소)
시공사	하우징플러스
대지면적	293㎡ (88.6평)
건축면적	58.38㎡ (17.66평)
연면적	107.75㎡ (32.59평)
구조	2층+다락 / 목조
설계 기간	1개월
시공 기간	4개월
설계비	2,200만 원
전체 시공비	2억 3,000만 원 (인입비 제외)

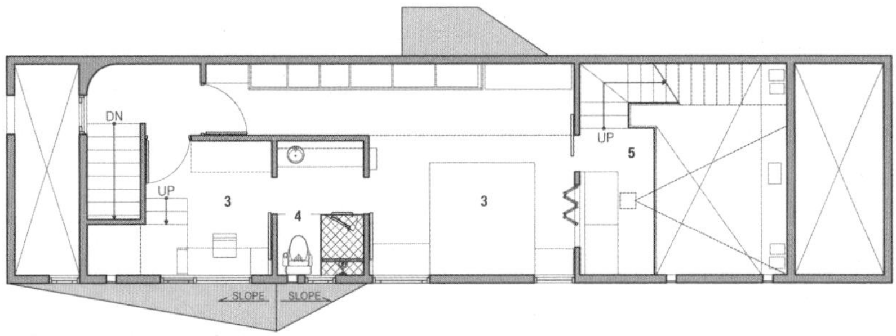

2층

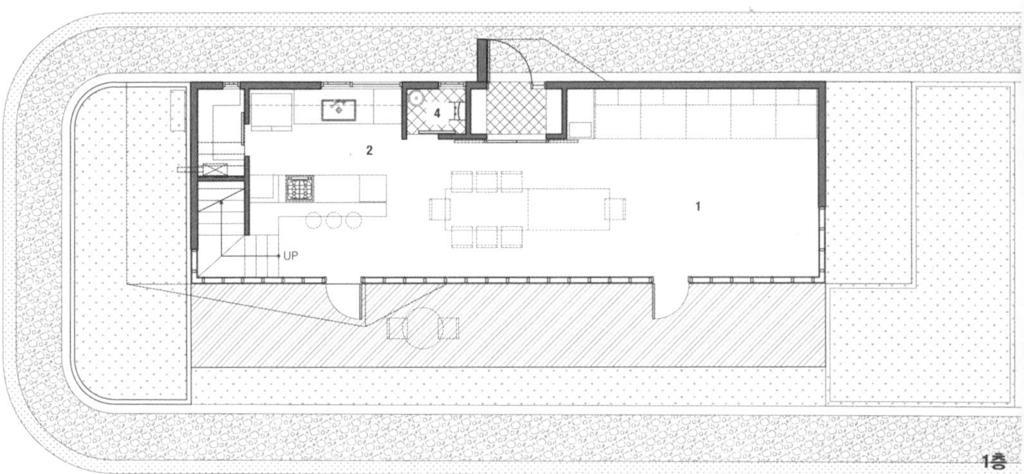

1층

1. 거실
2. 부엌
3. 방
4. 화장실
5. AV룸

철딱서니 부부의 도전

남들이 겁내고 어려워하는 일을 척척 쉽게 저지르는 우리 부부. 좋게 말하면 추진력 있다고 할 수 있겠지만, 철딱서니 없다는 편이 더 맞는 표현일 것이다. 이번에 저지른 철딱서니는 바로 세상에 하나밖에 없는 둘만의 집짓기! 말은 거창하나 집을 짓는다는 것이 뚝딱 될 일이던가. 돌이켜보니 정말 아무것도 몰라 덤빌 수 있었고 또 해낼 수 있었던 것 같다. 입주한 지금, 지인들로부터 건축에 관한 질문을 수없이 받는데 여전히 도움을 줄만한 실력은 못된다. 그럼에도 어찌됐든, 이리 만족하며 살고 있으니 이 정도면 성공한 집짓기라고 할 수 있지 않을까? 물론 이 모든 성공의 비결은 나의 꼼꼼한 공부와 준비 덕택이 (절대로) 아니라, 집을 짓겠다 결심한 순간부터 입주해 살고 있는 지금까지도 우리와의 인연의 끈을 놓지 않는 건축가 문훈 소장과 시공사 하우징플러스 덕분이다.

건축가 문훈을 만나다

2011년 7월, 하늘에 구멍이라도 뚫린 듯 퍼붓는 장대비를 헤치고 찾아간 빨간 점집은 날씨만큼 을씨년스러웠다. 점집 한가운데 떡하니 포스를 내뿜으며 도사가 앉아 있었으니, 그가 바로 문훈 소장이었다. 범상치 않은 그의 기운에 사알짝 주눅든 우리는 무슨 말을 어떻게 꺼내야 할지 몰라 잠시 머뭇거렸다. 그런데, 그는 보기와는 무척 다르게 소년처럼 장난기가 충만한 도사(?)였다. 주섬주섬 몇 마디를 챙겨 건네자, 스윽 펜을 집더니 깨알 같은 글씨와 도저히 믿기지 않는 그림 실력으로 우리의 말들을, 생각들을 점과 선으로 표현해 보여준다. '이 양반 뭐지?' 우리 부부는 놀라, 그저 눈빛만 교환했다.

첫 만남에서 나눈 이야기

- 샐러리 또는 그리스의 산토리니 마을처럼 깨끗한 이미지

- 골든리트리버를 키울 예정이므로 집과 같은 모양의 미니어처
- 마당에 운동을 할 수 있는 공간
- 1층 천장을 높게
- 영화를 볼 수 있는 공간
- 대형 드레스룸

탄생의 비화

조바심을 애써 눌러 담으며 기다린 첫 2주. 보통 첫 설계 상담을 하고 기본 1차 설계안을 받기까지 최소한 2주 정도가 소요된다고 들었는데, 다행히도 우리는 그 기다림의 시간을 열흘 안에 끝낼 수 있었다. 생각보다 작업이 술술 풀렸다는 건축가의 반가운 러브콜. 잠수교를 잠기게 했던 폭우도 지나고 한여름 뙤약볕이 뜨겁던 어느 토요일 오후, 우리는 다시 점집을 찾았다. 건축가가 내놓은 기본 설계안—점집에 앉아 있는 도사 같은 건축가이니, 그때 받은 설계안이 마치 귀하디귀한 '부적'처럼 느껴졌다면 이 책을 읽는 예비건축주들, 실감을 할까?—은 정말이지 상상 이상의 모습이었다. 문훈 소장은 우리와의 첫 번째 미팅 후, 머리 속에 끓어오르는 상상력을 주체하지 못한 채 폭우를 뚫고 새벽같이 일산 성석동 집터로 차를 몰았다고 한다. 그 폭우를 온몸으로 맞으며 번쩍 번쩍 번개가 내리치는 그곳에서 '비상'의 영감을 얻었다 했는데…, 과연, 신기(神氣)가 느껴지는 그림이었다! 폭우, 번개, 용, 상승…, 그리하여 '비상'이 되었다.

비상의 미니어처

집을 짓고자 했던 가장 큰 이유 중 하나는, 대형견을 키우고 싶은 바람 때문이다. 순하디 순한 골든리트리버를 키우고 싶은 소박하지만 쉽지

않은 꿈. 신랑은 혀를 내둘렀다. "개 키우고 싶어서 집 짓는 사람은 세상에 당신밖에 없을 거야, 아무렴!"
설계 의뢰 전부터 우리집 모양과 똑같은 미니어처를 리트리버 아가들에게 선물해주고 싶었다. 혹시나 개집까지 디자인 해달라 하면 건축가에게 무리한 부탁이 되지 않을까 조심스레 말을 꺼냈다. "재밌겠는데요?" 건축가는 호탕하게 승낙했고, 나는 집 두 채를 얻은 것마냥 즐거웠다.

이것은 사기인가, 오해인가

아무것도 모르고 시작한 집짓기이니 땅에 대해 뭘 제대로 알고 계약했겠는가. 위험 부담을 안기가 부담스러워 관련 카페에 올라온 경기도 일산 성석동 땅을 눈여겨 본 후 여러 번 가보았고, 같은 관심을 갖고 있는 예비건축주들에게 정보를 구한 끝에 성석동에 한 필지를 매매하게 되었다. 당시 여러 분들이 이제 막 단독주택 필지로 개발된 그 동네 땅을 계약하는 상황이었고, 땅만 구입하면 바로 건축에 들어갈 수 있다는 기존 토지주(시행사의 대표이기도 하다)의 말을 너무 쉽게 믿어버려 우리 부부 또한 계약에 망설임이 없었다. 그도 그럴 수밖에 없었던 것이, 당시까지만 해도 카페에 올라오는 글을 비판적으로 철저하게 검증하며 읽는 회원들은 많지 않았다. 대부분의 건축주들은 너무나 순진하게도 집을 짓고자 하는 갈망에 카페에 올라오는 토지주의 말들을 백퍼센트 신뢰했다.
지금에서야 그 많은 땅들에—비단 일산 성석동 땅의 문제만이 아니었다—얼마나 큰 문제점들이 도사리고 있었는지, 우리처럼 건축사무소에 한 발 걸치고 좀더 안전하게 가고자 했던 많은 건축주들이 얼마나 마음 졸이며 눈물지으며 울분을 삭히며 모든 걸 다 떠안을 수밖에 없었는지에 관해서는 다시 말하지 않아도 이미 많은 건축주들이 체감하고 있을 것이다.

토지를 계약할 때 가장 중요한 것은 계약서 작성이다. 구두로 한 약속은 아무런 효력이 없다. 모든 내용을 계약서 특약사항에 적어야 한다.

시공사 하우징플러스를 만나다

건축허가가 나지 않아 기다린 3개월 여의 시간. 일생일대 이토록 초조하고 분노가 치밀던 때가 있었을까, 정말 다시는 겪고 싶지 않은 시간이다. 무작정 기다리고 있을 수만은 없어 설계를 완료하고 바로 시공사 미팅에 나섰다. 독특한 디자인과 전면 통유리, 그리고 그 사이사이에 노출되는 스터드 등 비상의 설계는 목조로 진행하기에 쉽지 않은 구조였다. 그 무렵 문훈 소장의 '파노라마하우스'를 시공 중이던 하우징플러스가 비상의 구조적인 보강에 관한 해결 방법을 제시하면서 인연을 맺게 되었다. 설계를 존중하면서 시공사로서 갖고 있는 경험과 노하우를 진솔하게 펼쳐 보여주니, 어찌 다른 선택이 있을 수 있을까. 하우징플러스는 대기업 건설사가 아닌 중소 규모의 회사임에도 불구하고, 오랜 전통과 경험을 발휘해 목조주택의 시장 확대와 자유롭고 가치로운 설계를 실현시켜야 한다는 큰 목표로 움직이는 회사였다. 특히, 구조적인 측면을 강조하며 목구조의 다양하고 유연한 특장점을 살려내고자 했다. 솔직히 건축가 문훈의 작업은 전형적인 공간이 단 한 구석도 없기 때문에 쫀쫀한 예산으로 움직일 경우 시공사의 부담이 적지 않다. 구조목 비용도 훨씬 높아질 수 있고, 단열에도 더욱 치밀해져야 한다. 공정마다 꼼꼼한 현장 관리는 필수! 건축가도 건축주도 하우징플러스에 대한 믿음이 강했다.

p.49

놓치기 아까운 순간순간

시공사를 정하고도 달포 이상을 건축허가가 나지 않아 기다려야 했다.

2011년 11월 11일, 드디어 기다리고 기다리던 건축허가가 떨어졌다! 그 순간의 감격을 뭐라고 표현해야 할지…. 곧 겨울이 닥쳐올 테고, 골조공사에 꽤 많은 시간을 할애해야 했기에 바로 터파기에 돌입했다.
땅을 매입할 때는 "100평이나 되네" 하며 뿌듯했는데, 막상 기초공사를 마치고 보니 너무나도 초라해 보였다. 조감도로 만났던 그 멋진 모습으로 지어질 수 있을까? 걱정으로 가슴이 두근거렸다. 그리 작지 않은 건축면적인데도, 골조공사가 진행되는 내내 '너무 작게 설계했나' 하는 걱정을 놓을 수가 없었다. 집은 지어질수록 점점 넓어진다는 경험자들의 조언을 강력하게 믿어보는 수밖에 도리가 없었다.
골조공사가 다른 집들에 비해 꽤 오래 진행됐다. 혹시라도 구조적인 문제가 생길까봐 철저하게 검증하고 또 검증했다. 골조가 하나둘 세워지는 순간은 뭉클하고 감격스러웠다. 그 순간을 놓치면 다시는 볼 수 없을 것 같은 안타까운 마음에 아무리 퇴근이 늦어도 정릉에서 성석동을 연신 오갔다. 깜깜한 밤, 성석동 입구에 들어서면 멀찌감치 한겨울 칼바람을 맞으면서도 늠름하게 버티고 선 '비상'의 옆모습이 드러났다. 마치 저 혼자 땅을 박차고 나온 듯 어찌나 대견하던지, 집이 생명체처럼 느껴졌다.

p.49

집은 여자가 짓는 것

그 무렵 회사에서는 뉴스채널을 준비하고 있었고 한참 집짓기에 집중해야 할 즈음 개국을 맞게 되었다. 소속부서에 근무 중인 신랑은 주말, 휴일도 없는 비상근무 태세에 돌입했다. 덕분에 주말마다 입이 두 세배쯤은 튀어나온 채 매번 홀로 외롭게 현장을 찾은 나를 보고 시공사 대표님은 너털웃음을 지으신다. "원래 집은 여자가 짓는 거예요!"
현장 작업팀이 눈치를 준 것도, 별다른 어려움이 있었던 것도 아닌데, 안 그래도 낯선 공사장에 여자 혼자 발을 들여놓자니 왠지 주눅이 들고 어려웠다. 시공사 대표님은 살갑게 말을 걸어주며 작업을 설명해주었고, 나는 조금씩 배워가며 건축주가 되어갔다. "집은 원래 여자가 짓는다"는 그 말을 들은 다음부터 조금 자신감이 붙기 시작한 것 같다. 몇 주 만에 현장을 찾은 신랑의 뜬금없는 한 마디. "자기 현장 사람들이랑 너무 친해진 거 아냐? 담부터 혼자 보내면 안 되겠다!!"

다시 한없는 기다림

집짓기에서 가장 중요한 선택 중 하나는 바로 창호일 것이다. 비상은 1층에 통유리가 들어가고 큼지막한 창문들부터 아주 작은 창문까지 다양한 창문이 자리한다. 투박한 느낌의 PVC는 누가 봐도 비상과 어울리지 않았다. 건축가는 청원 파노라마하우스에서 시공한 알루미늄 필로브 창호를 추천했다. 비상과 너무나도 잘 어울린다는 것을 알고 있었지만, 1,000만 원이라는 큰돈을 투자해야 했다. 고민에 고민을 거듭한 끝에 결국 필로브를 선택했지만, 창호 결정이 너무 늦어진데다 제작에만 3주가 걸린다 하니 걱정이 이만저만이 아니었다. 문제는, 3주 후에도 창호가 도착하지 않았다는 것. 일반적인 형태가 아니기 때문에 제작 기간이 훨씬 오래 걸린다는 소식이었다. 그 사이 '비상'보다 한참이나 늦게 시작한 집들이 진도를 앞서기 시작했다. 차라리 보이지 않으면 조급하지도 않을 텐데 다른 집들이 쑥쑥 진행되는 걸 눈앞에서 보니, 얇은 방수지만 감싼 채 근 한 달간 방치된 우리집이 더욱 춥고 초라해 보여 속앓이가 꽤나 심했다. 한겨울 내복도 없이 홑겹으로 입힌 애를 밖에 내보낸 느낌이랄까….

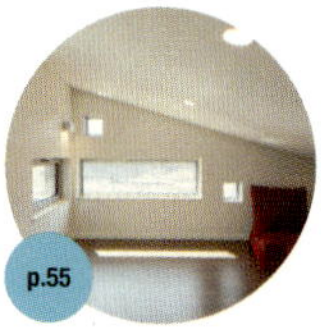
p.55

드디어 창호가 들어왔지만, 이번엔 유리가 문제였다. 삼중로이유리를 작은 창문부터 비뚤어진 삼각형 모양까지 만들어주겠다는 공장을 찾기가

p.54

힘들었고, 겨우 겨우 찾아낸 공장에선 공정을 미루고 미루기를 수차례…. 정말 끝도 없는 기다림이었다. 결국 해를 넘겨 2012년 1월 26일, 드디어 삼중로이유리의 시공이 마무리되었다.

비상에서 상승하는 삶을 꿈꾸다

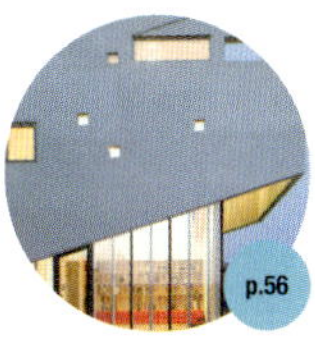
p.56

공사시작 4개월 만에 비상이 위용을 드러냈다. 건축가의 이상적인 설계, 성실 시공의 자세로 끝까지 애정을 쏟아준 시공사, 아무것도 몰라서 걱정 없던 철딱서니 건축주의 마음이 모여, 한 채의 집이 시원하게 날개를 펼쳤다. 더 고급스럽게, 더 럭셔리하게 치장을 할 수도 있었겠지만, 아니다. 이 절제와 간결함으로 '비상'은 더욱 날렵해졌고 강인해 보인다. 내 눈에는 더할나위 없이 멋지고 완벽한 집이다. 건축가, 시공사, 건축주. 이 삼합의 궁합이 너무나도 찰떡이었기에 이 집이 솟아오르는 동안 참 좋았고 고마웠다.

오늘은 봄을 부르는 따뜻한 봄비가 내려오신다

거실에 앉아 있으면 지붕으로 떨어지는 빗방울 소리가 잔잔하다. 마당으로 떨어지는 빗물 방울방울이 참 신기하다. 봄을 처음 맞는 것이 아닌데, 사사로운 모든 것들이 새삼스레 눈에 들어온다. 집이 한 채 생겼을 뿐인데 우리의 삶은 이전과 너무나도 달라졌다.
앞으로 또 어떤 짓을 저지를지 모르는 철딱서니 부부와 새식구 샌디와 테리. 우리 네 식구는 건축가의 염원대로 비상에서 나날이 상승한다. 반갑다, 비상!

© 남궁선

© 남궁선

비상의 정면과 측면. 트랙을
산책하는 샌디와 건축주.

© 남궁선

목조로 실현하기 쉽지 않았던 비상의 시공 과정. 일부에선 목조로 시공이 가능한 설계인가 의심을 품었지만, 오랜 시간 건축가와 시공사가 끝없이 고민해서 멋진 해결책을 찾았다. 1층 아랫 부분을 노출하기 위해 까다롭고 엄격한 구조 보강을 거쳤고, 높게 솟아오른 벽은 가벽으로 만들어 균형을 잡았다. 구조목만 해도 일반적인 시공의 2.5배 이상이 사용됐다. 게다가 ㄱ자 창을 비롯해 다양한 형태의 창을 구현하기 위해 오랜 시간을 기다렸다.

1층 거실

© 남궁선

2층 침실과 연결된 발코니는 작은
극장이다. 발코니와 침실 사이에
난 창으로 침실에 누워서도
영화를 즐길 수 있다.

© 남궁선

© 남궁선

© 남궁선

1

2 © 남궁선

3 © 남궁선

4

다락은 작은 방과 연결된 공간(1, 2)과, 안방에서 올라갈 수 있는 공간(3, 4)으로 나뉜다. 한쪽은 낮은 책장을 이용해 앞으로 만나게 될 아이의 공간으로, 다른 한쪽은 부부의 서재로 꾸밀 참이다. 유리벽으로 시선을 넓히면서 공간을 구획(2)했다.

© 남궁선

03 화성 동탄
집짓기, 10대 노하우 공개

설계를 살짝 변경해 비용을 상당히 줄일 수 있는 의견을 시공사가 제시하면 마음을 열고 들어볼 일이다. 물론 이때에는 건축가에게 의뢰해서 실시설계가 함께 변경되어야 하고, 특히 현장 감리자가 사항을 정확하게 체크해야 한다.

건축주	장인오
가족 구성	부부 + 자녀2
건축가	김주원
시공사	브랜드하우징
대지면적	250.8㎡ (76평)
건축면적	81.09㎡ (21.60평)
연면적	134.66㎡ (52.03평)
구조	2층+다락 / 목조
설계 기간	2개월
시공 기간	3개월
설계비	2,200만 원
전체 시공비	3억 3,000만 원

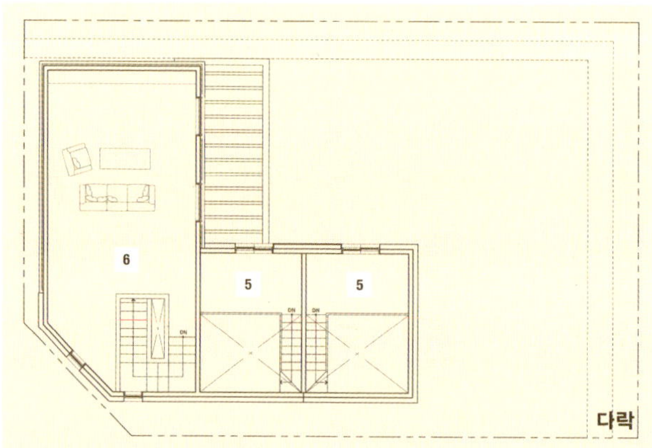

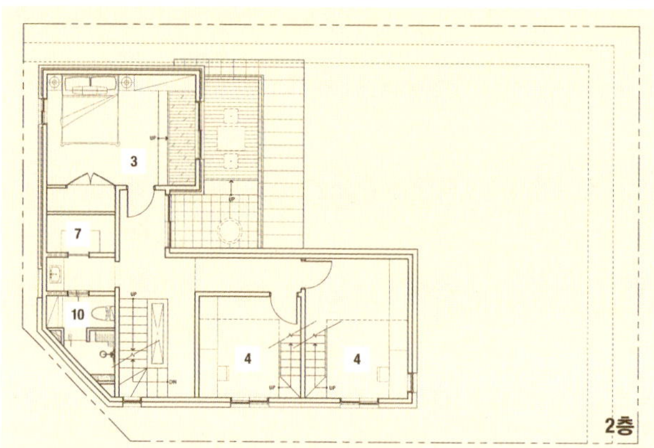

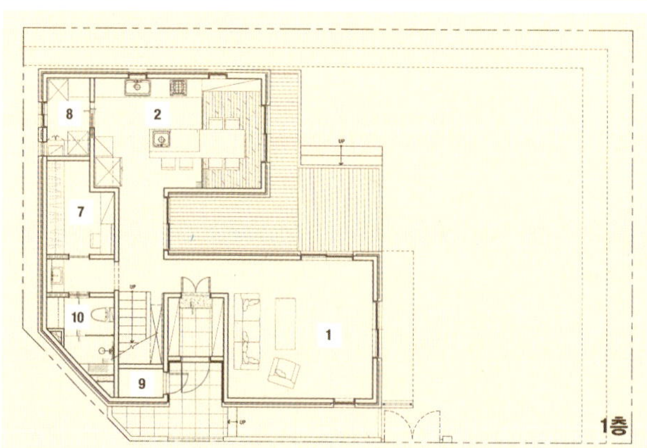

1. 거실
2. 부엌
3. 안방
4. 방
5. 다락(자녀방과 연결)
6. AV룸
7. 드레스룸
8. 다용도실
9. 창고
10. 화장실

나만의 베스트셀러

"너 땅콩집에 대해서 들어봤냐?"

오랜 친구 녀석이 전화로 뜬금없이 이렇게 물었을 때는, 이미 『두 남자의 집짓기』를 수십 차례 독파한 뒤였다. 나 또한 아는 사람마다 전화를 하기 바빴다. 심지어는 책을 사서 보내주기까지 했다. 친가의 형제들, 처갓집 식구들, 아내의 친구들…. 집 지을 마음이 동한 누군가를 찾기 위해 동분서주했다. 그러나 역시 현실은 빠듯했다. 마음이 맞으면 예산이 안 됐고, 예산이 맞으면 날짜 사정이 어려웠다. 날짜를 맞추고 나면 직장이 정반대…. 한때 지나는 바람이려니, 아내는 처음엔 심드렁했다. 하지만 왜 부부이겠는가! 관련 정보들을 수집하고 구체적인 자금 계획을 세워 나가기 시작하면서 아내는 나보다 더 적극적으로 나서기 시작했다. 간혹 펜션으로 놀러갔을 때 아이들이 만끽하는 해방감과 여유, 심리적인 안정감이 단지 여행이기 때문이 아니라, '집'과 관련이 있다는 사실을 가족 전체가 느끼기 시작한 것이다.

머뭇거림은 뒤로, 실천이 우선

다들 그렇듯, 두 아이를 키우면서 바쁜 일상을 보내는 평범한 직장인이 부동산, 땅값 시세에 민감할 수는 없는 노릇이었다. 나 또한 그랬다. 전셋집을 옮길 때와 동탄 청약을 할 때 이외에는 부동산 사이트를 들락거려본 적도 없었다. 이쯤에서 용기가 필요했다. 횡단보도를 건너보지 않은 꼬마가 도로에서 겁을 먹듯, 은행 거래에 익숙지 않은 사람에게 은행이 병원처럼 낯설듯, 나에게는 부동산 중개업소가 그랬다. 어느 정도까지 중개소를 믿어야 할지, 얼마나 묻고 찾아봐야 하는지, 호가에서 실거래가 차이가 어느 정도인지 분간하기가 어려웠다.

여러 군데 부동산을 찾아가 상담을 받는 와중에, 머릿속을 휙 스치는 땅이 있었다. 언젠가 아이들 시험 때문에 동탄에 있는 고등학교에 바래다 준 적이 있었는데, 그곳의 택지지구가 거의 비어 있던 것이 떠오른 것이다. 동탄 신도시에 터전을 잡을 참이었기에, 애초에 생각했던 터전에서 멀지도 않았다. '왜 이제야 그 동네가 생각난 걸까.' 서둘러 동탄으로 향했다.

p.70

두려움은 즐거움으로

집을 지으면서 가장 행복했던 때가 언제냐고? 누군가 나에게 이런 질문을 던져줬으면 좋겠다. 그러면 이렇게 스무 고개 놀이를 해보고 싶다.
터를 파고 기초콘크리트를 묻을 때? 멋드러진 목구조가 들어섰을 때? 2층 골조를 올리기 전 상량식을 할 때? 인테리어를 마치고 아내가 원하는 가구를 들여놓을 때? 입주한 바로 그날?
아니, 모두 아니다.
가장 행복했던 때는 건축가와 상담을 하던 날이다. 상담을 받고 돌아와 아내와 '설계 놀이'로 오랜만에 밤을 불태우던(?) 날들이다. 아이들의 키를 재고, 책들의 사이즈를 재고, 아내 걸음의 폭을 셈하던 시간들이다. 아마, 집을 지어본 이라면 모두들 주저 없이 나의 답안에 고개를 끄덕여줄 것이다.
시작은 이랬다. "마당이 좀 넓었으면 좋겠고, 주방과 거실이 분리되어 아파트처럼 들어서자마자 훤히 들여다보이지 않는, 아늑하고 포근한 집을 원합니다." 그런데 이 단순한 문장은 몇 시간의 이야기로 이어졌고, 몇 주에 걸친 설계 변경으로 구체화되었다. 설계 과정은 (적어도 건축주에게는) 행복한 놀이에 가까웠다. 그간 갈망해 온 집의 요소요소들을 평면에 죄다 쏟아 놓으면 건축가는 그 요소와 다른 공간의 상호작용에 관해 설명해주었다. 그리고 대체로는 건축가가 건축주의 아이디어에 보태 완전히 창조적인 공간을 만들어 제시했다. 세우고, 부수고, 고치고, 합쳤다가 다시 나누기를 얼마나 했던가!

서서히 평면이 완성을 향한다고 느끼기 시작할 무렵, 이제는 '집 짓다가 수명 줄어든다'는 그 일, 그 과정이 임박했음을 느꼈다.

설계만큼 중요한 시공 파트너

아파트 생활을 해온 평범한 40대가 단독주택 시공사를 무슨 수로 알 수 있을까! 친인척 가운데 건설 관련 종사자들이 한두 명씩 있게 마련이라고들 하는데, 나의 경우엔 친인척, 친구들을 통틀어 시공을 상담할 만한 지인이 없었다. 그렇다고 예산이 얼마 되지도 않는데, 공개 입찰을 하기에도 애매했다. 설사 공개입찰을 하고 싶다 한들, 그 정보를 어디에 노출시킨 채 시공사의 지원을 기다릴 것인가.

막막한 상황에서 그나마 활동하던 카페를 중심으로 정보를 수집하기 시작했다. 그 카페에는 지속적으로 목조주택에 관한 정보를 올리는 시공사 대표가 있었는데, 그의 카페를 통해 나 또한 목조주택에 관한 정보를 축적해 온 바였다. 설계가 마무리될 시점이니 마음이 급해졌고, 눈여겨 본 시공사에 관해 건축가에게 자문을 청했다. 알아둘 점은, 목조주택을 전문적으로 시공하는 시공사가 드물뿐더러, 단독주택 시장이 아직은 워낙 협소하다보니 단독주택만을 작업하는 시공사 또한 드문 실정이라는 것. 건축가의 설계를 도맡아 작업하는 시공사는 디테일 수준은 높지만 그만큼 가격이 높다. 그러니 저렴하고 튼튼하게 인테리어까지 어느 정도 만족할 만한 수준으로 우리 욕심을 채워줄 시공사를 만나기란 정말 쉽지 않다.

아무튼 나는 카페의 인연으로 시공사를 만나게 되었다. 더 정확하게는 그 즈음 중견기업에서 독립한 젊고 패기 넘치는 시공사 대표를 만났다고 해야 할 것이다. 그에게 집 한 채는 그저 많은 일감 가운데 하나가 아니었다. 독립적으로 사업을 꾸린 지 얼마 되지 않은 상황이었고, 자금도 넉넉하지는 않은 듯했다. 어쩌면 그래서 의기투합이 더 잘 됐는지도 모르겠다. 서로 잘 지키자. 줄 것은 반드시 제때 주고, 할 일은 반드시 철저히 하자. 시공사 대표와 나와의 약속이었다.

무지로소이다

어떤 집이든 설계대로, 처음 예상한 공사 일정대로 딱딱 움직여준다면 누가 집짓기가 어렵다고들 하겠는가! 그래서 단독주택에 관한 책을 '건축주 입장'에서 만들고자 한다는 출판사의 제의에 재주 없는 글쓰기를 망설이지 않았다. 내 작은 경험이 조금이나마 예비건축주에게 자신감과 용기를 준다면 기꺼이 동참하고 싶었다.

자, 이제부터 『두 남자의 집짓기』에 소개되었던 '한 달 만에 집짓기'는 머릿속에서 지워버리시길 바란다. 물론, 한달 만에 지을 수도 있다. 더 급박하고 절박한 상황이라면 3주 만에도 가능할 것이다. 그런데 한번 생각해보자. 이사 날짜가 생사의 갈림길이 아니라면 왜 그토록이나 서둘러야 할까. 집짓기의 숱한 과정에서 돌이킬 수 없는 공정이 대부분이다. 예를 들면, 기초 콘크리트를 부울 때는 이미 배관, 수도시설과 정화조 등의 중요한 설비 위치가 잡힌 뒤다. 콘센트의 위치를 정하지 않고 단열공사까지 끝냈다면 며칠 후면 한숨을 쉬게 될 것이다. 여유를 갖고 꼼꼼하게 계획을 세워 시공을 진행해야 하는 이유는 오직 건축주에게 그 덕이 돌아가기 때문이다. 그런데 나를 비롯해 대체로 건축주는 집짓기를 서두르는 입장이 되기 쉽다. 다들 집에 전 재산이 묶여 있으니 이사 날짜와 잔금 날짜에서 자유롭지 못하기 때문이다. 나의 경우에도 그랬다. 우선 착공부터 20일이나 지체되었다. 지자체마다 건축법령이 조금씩 달라 착공 전에 제출해야 하는 서류가 늦어지는 경우가 흔하다. 건축가나 시공사가 아무리 서두른다 해도,

구청에서 심사가 떨어지지 않으면 도루묵이다. 또한 날씨 상황과 재료 수급 정황을 파악하지 않은 채 마음만 성급했던 나의 결과는 결국 컨테이너 보관이사로 이어졌고, 집 없이 아이들과 떠돌이 생활을 하게 되는 결과를 낳았다. 애초에 이삿짐을 얼마간 맡기고 간단히 꾸려 오피스텔 생활을 할 수도 있겠구나 하고 계획을 잡았더라면 감정적인 소모도, 경제적인 낭비도 덜 했을 것이다.

내안의 적, 조바심

고백하건대, 집을 지으면서 나는 지킬과 하이드처럼 내 안에 다른 내가 있음을 발견했다! 평소에 느긋하다, 여유 있다는 평을 들어온 내가(오죽하면 건축주의 '쿨'함을 드러내 집 이름이 '쿨 그레이하우스'일까) 조바심으로 몸둘바를 모르게 되다니…. 비단 나만이 아니었다. 알음알음 친해진 대부분의 건축주들이 대체로 바이오리듬 이상 징후로 곤혹스러움을 겪고 있었다. 어떤 날은 한없이 즐겁고 재미있고, 어느 날은 괜히 시작했다는 후회로 가슴이 답답해지고, 다음날 변해 있는 현장은 황홀하다가 다시 마음대로 움직여주지 않는 현장 일정이 야속하고…. 명백히 조울증이었다!
집 짓는 동안 극도로 소심하게 변해버린 이 성격을 예전으로 되돌리려면 한 열 채쯤 지어봐야 될 것 같다. 후에 다시 한번 강조하겠지만, 시간적인 여유가 있다면 계절과 날씨를 반드시 고려하길 바란다. 하늘이 관장하는 영역이니 어디다 대고 하소연할 길도 없다.

샘플을 믿지 말라

외장재 고르기가 의외로 까다롭다. 유독 건축주의 의사가 많이 반영되는 부분이기도 하고, 집의 인상을 좌우하는 요소이기 때문이다. 내부 인테리어(내부 마감과 가구, 욕실, 부엌시스템 등등)는 의외로 선택지가 넓지 않다. 예산이 넉넉하다면야 마음대로 고를 수 있겠지만 욕실이나 부엌 시스템에 눈을 높이자면 한도 끝도 없기 때문에 대체로 중저가 업체들 가운데 약간의 스타일을 고려할 수 있을 따름이다. 그러나 외장재는 비슷한 비용 수준에서 선택지가 다양하기도 하거니와 색조도 택하기 나름이어서 건축주로서의 기쁨을 최대한 만끽할 수 있다.

p.71

우리 가족 또한 '건축박람회'에 찾아가 업체와의 상담을 통해 외장재를 선택하게 되었다. 그런데 이 과정에서 외장 시공 내역을 업체에 인계하고 난 후 일이 벌어졌다. 상담을 받을 때는 우리 가족이 선택한 색상이 수급 가능하다고 했는데, 막상 공사시작 당일 색상이 품절되어 보름 이상을 기다려야 한다고 통보를 해왔다.

어찌 할 바를 모르는 상태에서 시공사가 나섰다. 대안이 될 수 있는 업체의 제품을 찾아냈고, 오래 기다리지 않고 대체 색상을 수급받을 수 있었다.

작업을 마친 지금 보면, 외려 전화위복이다. 업체와 상담할 때는 우리 부부가 고른 그 색상이 적합하다고 생각했는데, 새롭게 선택된 색상으로 시공하니 훨씬 잘 어울린다. 중요한 팁은, '샘플을 보고 고르면 필패'라는 것이다. 샘플은 면적이 작기 때문에 실제 집의 크기로 그 색상이 시공된 후의 느낌을 상상하기 어렵다. 그러니 외장재를 특별한 색상으로 선택하고 싶다면, 실제 그 색상으로 시공된 집을 찾아가 보길 권한다.

설계가 전부는 아니다

반드시 설계 도면과 똑같이 시공되어야 한다는 확신도 뒤집어보길 권한다. 심사숙고해서 설계를 한다 해도 현장에서 더 좋은 대안이 생길 수 있다. 특히 설계를 살짝 변경해 비용을 상당히 줄일 수 있는 의견을 시공사가 제시하면 마음을 열고 들어볼 일이다. 물론 이때에는 건축가에게 의뢰해서 실시 설계도가 함께 변경되고, 변경 후에 문제가 없는지 세세하게 따져보아야 한다. 특히 감리자가 변경 사항을 모두 체크하는 것이 좋다. 우리집 또한 일조권 법규에 맞추기 위해 설계와 달리 지붕을 일부분 잘라내야 하는 아픔을 경험하기도 했다. 초보 건축주는 현장에서 사소한 일만 터져도 신경이 곤두서기 마련이다. 그럴 때는 침착하게 다시 생각해보길 바란다. "문제는 해결되라고 생기는 것이다!" 이 정도의 긍정적 마인드가 필요하다.

p.75

들려주고 싶은 비기

몇 가지 시공 과정에 관한 예비건축주들에게 전하고 싶은 말을 정리해본다.

하나, 피로 관리! 두말 하면 잔소리일 것이다.

둘, 창문 사이즈와 계단의 폭 등을 정할 때 '이삿짐'도 고려해야 한다. 나의 경우엔 작은 창문들만 디자인했다가 짐을 들여놓을 때 큰 어려움을 겪었다.

셋, 계절 고려. 초여름엔 장마, 한여름엔 태풍, 겨울엔 혹한…. 물론 우리나라엔 봄, 가을에도 제법 비가 온다. 또 겨울엔 해가 일찍 지기 때문에 시공 시간 자체가 단축된다.

넷, 예산은 넉넉하게. 자금 계획을 세울 때 '집짓기' 자체에만 몰입하는 경우가 흔하다. 사전에 드는 비용도 상당하고, 뜻하지 못한 상황을 만날 수도 있다. 이사비, 세금, 하다못해 이웃에게 인사치레하는 데도 돈이 든다. 단독주택 단지라면 이웃에게 착공 전 인사와 이사 인사는 반드시 갖춰야 한다.

다섯, 자금 조달 시기. 3개월 후에 돈을 구할 수 있다? 이런 상황이라면 큰일이다. 아파트로 이사하는 것이 아니기 때문에 시공비를 중간중간

지급해야 한다. 또한 토목공사, 측량 등등 소소한 비용이 집짓는 사이사이 들 수 있다. 총액이 문제가 아니라 '지급 시기'별로 체크해야 한다.

여섯, 건축법은 동네마다 다르다. 관할 법령이나 규제에 관해 허가를 받는 사무소와 충분히 상담해야 한다.

일곱, 건축박람회 등 관련된 전시를 꼭 관람해보길 권한다. 안목을 넓히고 집에 적용할 수 있는 아이템들도 쉽게 찾을 수 있다.

여덟, 단열에 신경을 쓴다면 '현관문' 또한 깊게 생각하길 권한다. 아파트와 달리 단독주택의 현관은 외기와 그대로 닿는 부분이다. 창호나 벽체에 단열만 신경을 쓰고 현관을 등한시하기 쉬운데, 막상 현관을 통해 유입되는 기운이 상당하다. 현관문뿐만 아니라 '현관 공간'에 대해 신중하게 생각해 보길 권한다.

p.75

아홉, 커튼 또는 블라인드. 최근엔 블라인드 형식을 선호하는데, 창호의 손잡이가 레버 식으로 돌출되었다면 손잡이 높이만큼 공간을 띄우고 나서 블라인드를 설치해야 하므로 마감이 깔끔하게 처리되지 않을 수 있다.

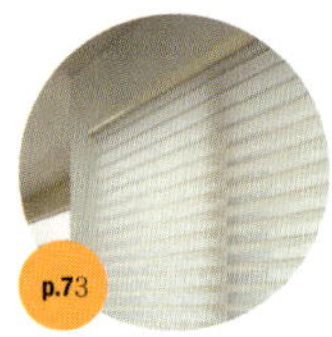
p.73

열, 마당은 천천히. 마당 조경까지 준공 시에 섬세하게 하려는 욕심은 좀 덜어내야 한다. 약간 어수선한 채로 지내면서 심을 나무와 가꿀 작물을 천천히 고르기를 권한다.

일상, 그리고 일상

단독주택에서 보내는 하루는 아파트와 정말 다르다. 일상이 특별하다. 나쁘게 해석하자면 집 관리에 늘 분주하다는 뜻일 테고, 좋게 풀자면 집에서 보내는 하루하루가 즐겁고 재미있다는 뜻일 게다. 마당의 돌 뿌리 하나부터 별 이상이 없어도 뭔가를 더 하고 싶고, 주섬주섬 어딘가를 돌보는 나를 발견한다.

p.77

아내와 아이들은 저마다의 포부가 대단하다. 봄에 텃밭에 심을 모종을 구해야 한다며 밭 가꾸기 연구에 열심이고, 아이들은 친구들을 데려다 마당에 텐트치고 파티를 한단다. 마당에서 생선을 구울 수 있고, 올 겨울에는 김장독을 묻을 생각이다. 물론 나의 계획도 야심차다. 흠…, 아직 비밀이다.

우리 가족에게 일상이 생겼다. 그저 똑같은 일상이 아니라, 늘 다른 일상이다. 새로운 풍경을 만나고 새로운 이야기를 만들어내는 일상이다. 진짜 새록새록 일상이다.

자신만의 집을 짓는다는 것은
누구에게나 벅차고 형언할 수
없는 일생일대의 행복이다.
어떤 설계가 좋은 설계일까?
'내 가족의 일상에 꼭 맞는
공간'이라고 말하고 싶다. 집은
'개성'이다. 구성원 각자의 일상이
존중받고, 각자 원하는 점이
반영되어야 가족 모두가 편안하게
느낄 수 있다.

Bansong-dong 186-1

1,2 1층은 주방과 거실을 분리하여
서로 독립된 공간을 만들어냈다.
주방은 평상형과 개량형,
아일랜드 주방을 모두 활용했고,
다용도실과 보일러실을 겸했다.
주방 공간에 대한 만족도가 높다.
십일자형 주방의 편리함은 정말
써보지 않으면 상상할 수 없다.

2

3

3 집 전체에 종이 재질의 블라인드를 설치했다. 창문의 손잡이가 레버 식으로 돌출되어 있다면 손잡이 깊이만큼 공간을 띄우고 나서 블라인드를 설치해야 하니, 미리 체크해야 한다.

2층엔 안방과 두 아이방, 욕실과 아이들 옷방이 자리한다. 아이방 두 곳은 모두 복층형으로 윗공간(다락)에 침실을 만들었다. 높은 층고만큼 아이들의 상상력도 커지길 기대한다.

1 실내 인테리어는 자작나무를 베이스로 시스템가구를 접목시켰고 심플함을 원칙으로 삼았다.

2 욕실과 드레스룸 사이에 세면기를 설치해 욕실로 들어가지 않아도 손과 세면을 할 수 있도록 공간을 두었다.

3 현관 왼쪽엔 창고를, 유독 신발이 많은 우리 가족을 위해 현관 입구 양쪽에 아주 큰 신발장을 설치했다.

1 2층 안방은 침실과 툇마루 부분으로 나누어 꾸몄다. 가장 마음에 드는 공간은 2층 안방을 통해 나갈 수 있는 넓은 테라스. 탁 트인 개방감과 편안함을 준다.

2 다락방은 휴게실 개념으로 온 가족이 함께 즐기는 영화감상실로 꾸몄다.

집의 형태는 ㄷ자형과 ㄴ자형의 중간쯤인데, 중정 부분을 데크로 길게 이어 활용도를 높였다. 외장 마감은 무조건 단순하게 하려고 애썼는데, 건축가는 군데군데 재밌는 연출을 놓치지 않았다.

04 화성 동탄

옛집을 덮으며, 삼은재(三恩齋)를 열다 / 지금 당장 행복하라 – 땅콩집

많은 분들이 가장 궁금해 하는 점은 '땅콩집'에 대한 내용이다. 설계는 어떻게 했는지, 방음을 위해서 무엇을 고려했는지, 불편하지는 않은지 등등. 간단하게 우리가 어떻게 독립성을 유지하며 따로 또 같이 살고 있는지 적어보려 한다.

건축주	고희석, 이진태 김석환, 김준희
가족 구성	부부 + 자녀 3 부부 + 자녀 1
건축가	서승모(사무소효자동)
시공사	브랜드하우징
대지면적	250.8㎡ (76평–38평씩 1/2)
건축면적	53.79㎡ (16.3평)
연면적	161.37㎡ (48.9평)
구조	2층+다락 / 목조(땅콩집)
설계 기간	4개월
시공 기간	4개월
설계비	1,100만 원 (x2)
전체 시공비	약 1억 9,000만 원 (x2)

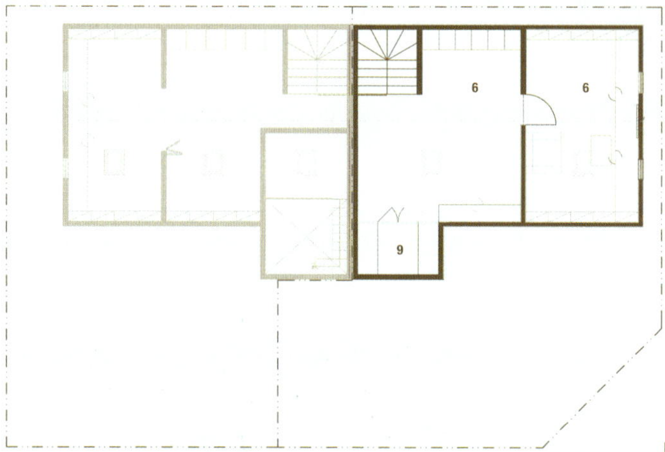

다락

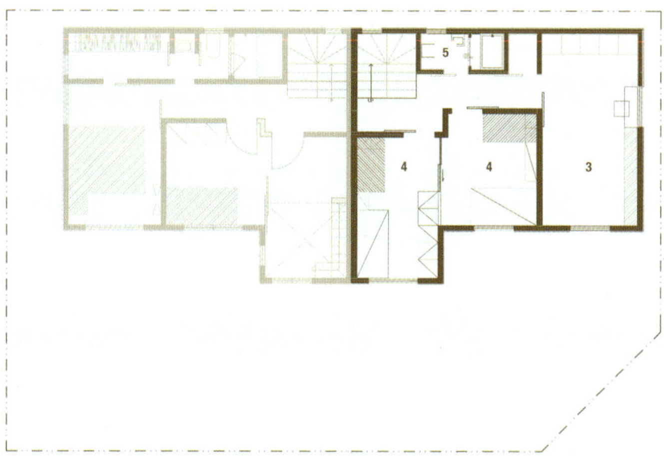

2층

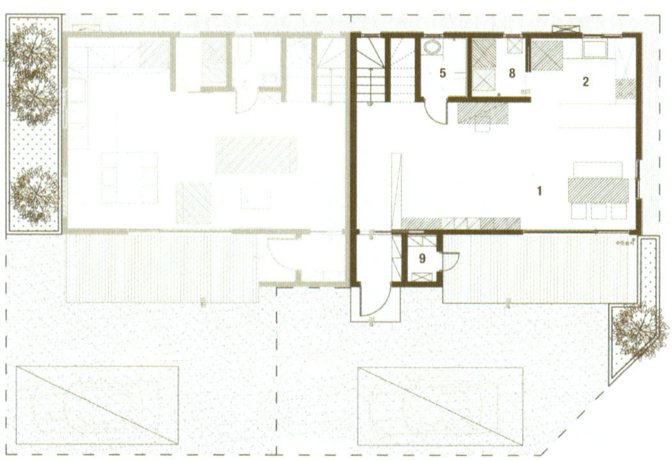

1층

1. 거실
2. 부엌
3. 안방
4. 방
5. 화장실
6. 다락(서재/아이방)
7. 드레스룸
8. 다용도실
9. 창고

옛집을 덮으며, 삼은재(三恩齋)를 열다

기억, 첫 장

담벼락 아래로 호박넝쿨이 치렁 드리운 골목, 줄지어 비스무리하게 생긴 작은 집들이 옹기종기 모여 앉았다. 동네 가장 큰 기와집에 유일하게 나무 양개장 흑백 TV가 있었는데, 김일이 레슬링할 때랑 유재두 권투할 때면 언제나 같이 모여 소리를 질렀다. 동네 바보형은 스르륵 어디든 나타났는데, 누구는 누나라고도 했다. 그때가 기억난다고 하면 어머니는 '니덜 매일 수제비, 국수만 먹던 시절'이었다며 고개를 흔드신다. 흑백 사진 속 젊은 아버지, 어머니는 삶의 열정으로 더없이 건강해 보인다.

기억, 그 다음 장

서울 대방동 성남고교 뒤, 공군 본부 옆 어느 골목길 굽이굽이 끝. 일본식 복도를 가진 양옥집. 깔끔한 할아버지 덕에 항상 깨끗했던 현관, 마당엔 단풍나무와 석류나무. 허구한 날 찾아오는 친인척 손님치레하던 어머니는 고양이와 강아지가 서로 부둥켜안은 혹독한 부엌에서 늘상 서성였다. 장독대엔 층층이 금복주 소주병이 나란이 나란이…. 찍찍 달라붙는 세숫대야에 뜨거운 물 끓여 담아 내 얼굴을 씻기며 어머니는 염원했다. "네 아버지처럼만 살아라." 제일 두꺼운 이불 사이에 스뎅 밥그릇을 덥히던 어머니, 밤 10시가 넘어서야 잔업을 끝내고 피곤한 기색을 털어내며 오시는 아버지. 기름때 벗기시는 그 습관은 지금도 못 버리셨다. 이젠 그렇게 바락바락 안 씻고 주무셔도 되는데. 기름, 먼지 뒤집어쓸 일도 없는데….

기억, 셋째 장

어느 땅값 싼 수도권 촌동네. 기차가 지나가는 우리집 이름은 '땡땡거리' 집. 마당 한가운데 텃밭만한 화단, 세를 놓던 방들이 빙 둘러 있던 징그럽게도 춥던 단독주택. 공장으로 출근하기 전 동생들과 나의 순비불을 위해 돈을 구하러 이집 저집으로 바삐 다니는 어머니 뒷모습이 소복하게 쌓인 눈 속으로 멀어져 갔다. 지금은 만도기계 사옥이 공룡처럼 버티고 선, 기차 지나가던 그 집. 지금의 내 나이쯤 되었을까. 아버진 갑자기 실직을 당하시고 뜬금없이 집을 지으셨더랬다. 집짓는 현장으로 도시락 들고 가는 길, 어머니의 나지막한 한마디. "아버진 노가다 십장이란다." 욕처럼 들려 깜짝 놀랐던 그 한마디. 아버지는 판잣집 같은 데서 나와 도시락을 드셨고, 우리는 벽돌을 치우고 각목을 옮겼다. 어머니는 돌아오는 길에 내 어깨를 다독였다. "아버지만큼만 열심히 살 거라."

3년 전 뇌출혈로 쓰러져 걷는 것도 발음도 그리고 기억도, 이제 가끔은 성격까지 살짝살짝 변하는 일흔다섯 아버지와의 통화.

"땅은 팠냐?"

"오늘 판대요."

"날 추워지면 제대로 파야 쓰는디…, 쎄멘 버림이랑 같이 한다더냐?"

"아부지가, 그걸 어째 아세요?"

"양생이 잘 돼야 헌다. 인부들한테 괜히 쓸데없이 말 시키지 마라. 대낮에 막걸리 사들고 가지 말고."

기억, 넷째 장

"선생님, 선생님은 왜 문을 잠그고 다녀요?" 첫 부임한 시골 학교 자취방, 까무잡잡한 중학교 1학년 여자아이는 그리 오랫동안 내 뒤를 쫄랑거리며 쫓아와서는 고작 이것을 물었다. 그 방에서 나는 신혼을 맞고 처음으로 도배를 해보았다. 보일러가 고장 나면 옷장을 뒤져 죄다 껴입고 꼭 부둥켜 안았다. 어디서 구한 낡은 르망 자동차를 타고, 창문을 한번 내리면 학교 도착할 때까지 올리지도 못한 채 추위에 떨면서도 연신 하하호호 하며 출근했다. 그날, 집주인 할아버지는 신혼부부라며 들국화를 꺾어 선물했다.

기억, 다섯째 장

신분 상승. 방 두 개짜리 24평 17년 된 복도식 전세 아파트. 가족이 모여 웃고 떠들고 노래 불러도 뭐라는 이 없는, 어떻게 이웃과 사랑하는 사이가 될 수 있는지 가르쳐준 고마운 동네였다. 동네 아이들이 뛰놀다 지치면 어느 집이고 헐떡이며 들어가 물과 먹을 걸 달라 했으니 그곳은 천국이었다. 다섯 식구가 집이 넓다며 방 두 칸을 다 비워두고 거실에 옹기종기 붙어 한 이불을 덮고 잤다. 발 뻗으면 냉장고에 행복처럼 발끝이 닿았다.

기억, 마지막 장

아내가 싫어하던, 가장 넓고 가장 세련되고. 그러나 이유도 모른 채 가장 많이 다투던 23층 32평 아파트 전셋집, 아침만 되면 애타게 목이 마르던 집. 비오는 날이면 아내는 끝없이 펼쳐진 맞은편 고층 아파트를 바라보며 되뇌곤 했다. 집을 짓고 싶다고. 집을 지으면 아이들 이름 앞글자를 따 '삼은재'(三恩齋)라 부르겠다고. 우리의 첫 집은 직접 짓겠다고.

그리고 아직은 없는 기억

우리 집은 세 딸의 가운데 이름을 따 삼은재(三恩齋)라 이름 지었다. 처음에 시작할 땐 내 집인 줄 알았는데, 알고 보니 피땀 흘린 모두의 숨과 나날이 섞여 있는 다함께 집이다. 이곳에서 써내려가는 삶은 이제 아이들에게 기억의 첫 장이 되리라. 아이들이 내 나이 즈음이 되면 이 글을 다시 보게 되리라….

집은 사는 '것'이 아니라 사는 '곳'이다.

듣도 보도 못한 '신자유주의'라는 올가미가 내 일상과 생활에도 마치 암세포처럼 퍼져 들어왔다. 직장에서든 동창회에서든 만나기만 하면 뛰는 집값을 자랑(혹은 걱정)했고, 교육은 소위 '명품'이라는 천박한 미명하에 아이들을 아파트 옥상 끝으로 몰고 갔다. 애를 셋이나 낳고 맞벌이 하면서 집 한 칸 없는 우리 부부는 언제나 뒤떨어졌으며, 학원에 안 가는 우리 아이들은 방과 후 빈 놀이터를 독차지하는 호사를 누리기도 했다. 중심 잡고 살아가기가 너무 힘들었다. 순리를 따르며 무리하지 않기가 쉽지 않았다. 온갖 매스컴에서는 집으로 한몫 본 연예인들이 무용담을 자랑했고, 은행 돈은 곧 나의 돈처럼 들렸으며, 여든 야든 정치인들은 지역구 집값 올리기에 혈안이 되었다.

친척들과 지인들은 '애들이 셋인데 빨리 아파트라도 장만해야지.' 대신 걱정해주었고, 나는 늦은 술자리에서 돌아오는 길에 괜시리 화가 나 쓰디쓴 담배 악 물으며 애꿎은 고층 아파트에 팔뚝질을 하곤 했다. 물론 다음날 나도 판교니, 광교니 송도니, 신문과 인터넷 분양광고를 찾아보기도 하고 주말이면 예쁜 언니들이 웃어주는 번쩍이는 모델하우스 앞에서 줄서보기도 했다. 집에 관해서라면 어떤 풍경이든 도무지 상식적이지 않았다. 내 기억속의 집은 '사는 것'이 아니라 '사는 곳'이었다.

그저 다만 모두의 축제였기를

내가 만난 건축가들이 내 삶을 어떻게 송두리째 바꿨는지, 시공사 대표가 우리 가족에게 어떤 영향을 미쳤는지 그분들은 아마 상상하기 어려울 것이다. 그들에게는 일상다반사이자 그저 지나가는 비즈니스 가운데 하나였을지 모르지만 우리 가족에겐 결코 지울 수 없는 환희였으며 새로운 미래였다.

호되게 추운 날, 먼지구덩이 현장에서 나누어 먹던 푹푹 끓인 돼지고기 김치찌개와 막걸리 서너 잔이 그저 모두 즐거우셨기를. 우리 가족이 얻은 것은 그저 한 채의 집이 아니다. 이 과정을 통해 배운 지혜들과, 두루두루 만난 이웃, 언제 어디서 다시 만나도 반갑게 얼싸안을 깊은 인연들…. '집', 그것은 '관계'였다. 집은, 사람들(人) 사이(間)에 있었다.

주요 일정

2011년 5월 땅 매매 / 설계 계약

2011년 6월 사무소효자동과 설계 시작 / 1차, 2차 설계 미팅,
수많은 이메일과 수없는 통화로 의견 교환 뒤 드디어 모형 제작

2011년 7월 3차, 4차 설계 미팅 / 이어지는 이메일과 통화들

2011년 8월 5차, 6차 설계 미팅 및 인테리어 구체화

2011년 9월 시공 업체로부터 견적 받기 / '브랜드하우징'으로 시공사 선정

2011년 10월 사무소효자동 및 브랜드하우징에서 3D 제작

2011년 10월 중순경에 이르러 공사 시작 / 먹줄 놓기, 기초 터파기,
터고르기, 기초철근 배근, 기초 푸팅 타설

2011년 11월 거푸집 제거, 창호 확정, 주방가구 상담, 되메우기
1층 슬래브 철근 배근, 주방 견적, 1층 슬래브 타설, 1층 토대
1층 벽체, 2층 장선, 2층 바닥, 2층 벽체, 다락 장선, 다락 합판 취부,
외부 합판 취부, 타이벡 취부, 창호 설치 글루렘 보강, 글루렘 수정

2011년 12월 외부단열재 취부, 단열재 깔기, 난방 파이프 깔기, 방통, 조적 쌓기 시작,
전기 작업, 방충망 설치, 전기 단열재 취부, 추가 전기 작업, 인테리어 시작, 계속되는 조적, 석고보드 취부, 타일 시공

2012년 1월 벽지 시공, 벽돌 메지 작업, 수전 및 도기 설치, 마루 시공, 비계 해체,
목가구 설치, 주방 설치, 단열 현관문 교체, 전체 실리콘 작업, 입주 청소

2012년 2월 잔손 보기, 마당 정리, 준공 조경 공사

2012년 3월 현관석 및 마당 인도석 깔기, 잔디 깔기, 텃밭 설치, 준공 준비,
주차선 설치 준공 후 어닝 및 담 설치, 정원 꾸미기, 잔손 보기 등

전통과 현대적인 느낌이
어우러지는 인테리어를 추구했다.
현관에 걸린 패브릭은 큰 딸
아이의 작품.

1

2

1 식당 맞은편 거실. 한옥의 대청마루처럼 시원하게 비워두었다. 식탁이 거실 테이블의 역할을 함께하기 때문에 특별한 가구 없이 공간을 누릴 수 있다.

2 자연스러운 굴곡이 드러나는 원목 식탁에 갓등으로 푸근한 느낌을 연출했다. 11자형 배치가 확보되지 않아 조리대와 식탁 사이에 아일랜드형 보조 조리대를 만들었는데, 온 가족이 함께 요리를 할 수 있을 정도로 여유롭고 편리하다.

2층의 풍경. 안쪽으로 안방. 두 아이의 방, 세심하게 설계된 욕실이 자리한다. 아이들 방은 미닫이문으로 분리해 두 자매가 독립된 공간을 사용하면서도 친밀함을 나눌 수 있도록 했다.

세 딸들이 옹기종기 불편함 없이 욕실을 사용할 수 있도록 화장실과 파우더룸과 세면실을 구분해 설계했다. 아이들이 무척 만족해 한다.

다락에는 가족이 쉴 수 있는 공간과 막내딸의 공간이 함께 있다. 특히 높이가 낮은 양쪽으로 모두 미닫이문을 설치해 이불 등 큰 가재도구들을 수납할 수 있도록 했다.

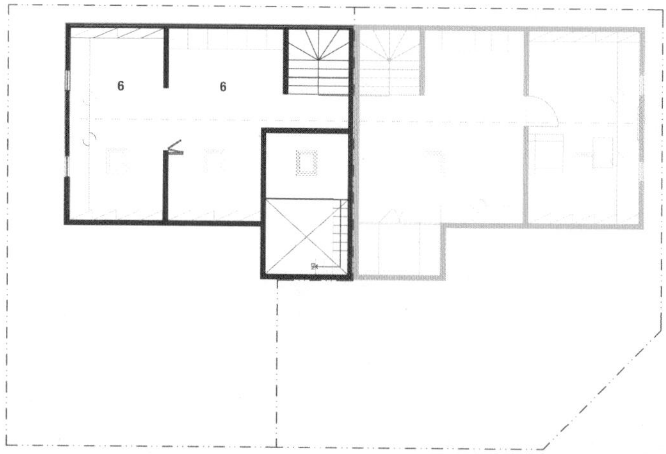

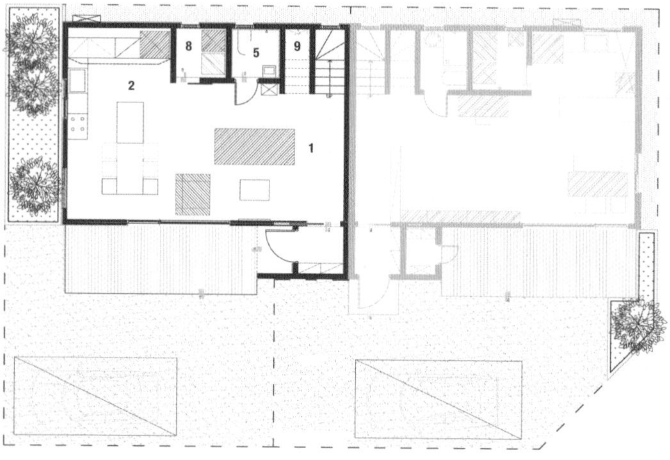

1. 거실
2. 부엌
3. 안방
4. 방
5. 화장실
6. 다락(서재/아이방)
7. 드레스룸
8. 다용도실
9. 보일러실

지금 당장 행복하라

우연이 운명이다

어느 날 시누이로부터 한 통의 전화가 걸려 왔다. '땅콩집'이라는 것이 있는데, 동탄에서 타운하우스 분양을 한단다. 관련 서적이 있으니 읽어보라고 했다. 모르는 사람과 집을 함께 지어 산다는 것, 집을 공동 등기하고 게다가 마당을 함께 쓴다고? 혹했지만 역시 부담스러웠다. 그즈음 동탄 택지개발지구에 타운하우스 청약이 시작됐다. 이 사업은 모 건축사무소와 시행사가 수십 세대 건축주들의 의견을 모아 기본 설계를 공유해, 설계비와 시공 단가를 낮추겠다는 목표로 진행되는 중이었다. 주택단지의 강점이 있으니 절호의 기회라고 판단, 바로 신청서를 보냈다. 그러나 38세대의 건축주들에게 의견을 물어 설계를 진행하기란, 서른여덟 명의 십대소녀에게 똑같은 옷을 입힌 채 각각의 개성을 살려내겠다는 의욕과 다를 바 없었다. 각 세대의 기호는 설명회를 거듭할수록 다양해졌고, 절실한 공간과 그렇지 않은 공간 사이의 격차도 점점 벌어졌다. 타운하우스에 입주하길 원하는 분들이 많았기에 나는 고민 없이 분양권을 내놓았다. 그런데 지금 함께 집을 지은 옆집도 타운하우스보다는 단독주택 쪽으로 마음이 기울어 같은 시기에 분양을 포기했다. 우연인지 운명인지, 우리 두 집은 분양권을 추첨할 때도 옆집으로 당첨이 된 사이였다. 분양권을 내놓자, 또 운명처럼 타운하우스 바로 근처에 택지 한 필지가 매물로 나왔다는 소식을 들었다. 홀린 듯 함께 분양을 포기했던 제비뽑기 옆집과 우리집은 땅 계약을 함께 하게 되었고, 함께 건축사무소를 방문했다. 중도 포기를 했음에도 결국에는 만나게 된 옆집과 우리집은 역시 운명이었던 게다.

그렇다. 우리집은 그 유명한 땅콩집이다. 일면식도 없는 두 가구가 한 필지에 두 개의 둥지를 틀었다. 이 일을 시작할 때만 해도 만나는 사람마다 위험한 발상이라며 만류했다. 분명 모험이었지만 완공된 집에 들어와 살아보니, 그런 충고들은 그저 기우에 지나지 않았다.

건축가, 아이에게 꽃을 건네다

옆집 건축주 분들은 서승모 건축가가 실제로 살고 있는 한옥의 정갈함이 마음에 든다고 했다. 우리 부부 또한 간결한 특유의 젠(zen) 스타일이 좋았다. 일본에서 건축을 공부한 이력 때문인지, '사무소효자동'의 느낌 또한 단정하고 고요했다. 작고 소박한 작업실에는 하얀 종이집 모형들이 가득했고, 절제된 세련된 감각이 느껴졌다.
짧지 않은 상담 내내 두 집의 아이들이 작은 모형들을 가만둘 리 만무했다. 자꾸만 신경이 쓰이고 미안스러웠는데, 상담을 마치고 나오는 길에 소장님은 모형 꽃을 아이 손에 가만히 쥐어준다. "꽃 선물이야…." 자상하고 세심한 배려에 마음이 움직였고, 우리들은 효자동 어귀 작은 가게 앞에서 "저 분과 작업하자"고 의기투합했다.

설계를 시작하다

1주일에 한 번씩 효자동 사무실에서 미팅하고, 미팅의 결과를 정리해 회의록을 보내오면 원하는 사항과 보충 내용을 다시 이메일로 보냈다. 만나고 정리하고 다시 의견을 보태고…. 이런 과정을 아마 수십 차례 거친 것 같다. 가족의 낱낱한 생활 패턴과 취미와 휴식, 그리고 오랜 바람까지 나누자 이제는 집에 들일 갖고 있는 가구들의 정확한 사이즈가 정리됐고, 새로 구입할 제품의 목록까지 세워 나갔다. 새집으로 가져가거나 버릴 가구, 새로 맞추어야 할 가구를 결정하는 게 생각보다 쉽지 않았다. 버리자니 아깝고 갖고 가자니 새집의 분위기를 망칠 것 같아 내내 갈등이었다.
설계 과정에서 가장 아쉬웠던 것은 2011년 12월 말 입주를 목표로 진행하다보니 역순으로 따져 8월 초에는 무조건 설계를 마쳐야 한다는 전제가 붙어 여유로운 상담을 즐기지 못했다는 점이다. 또 타운하우스에 입주하려던 기존 계획에서 급히 선회한 관계로 평면적인 구조 이외에 별다른 공간에 대한 고민을 해본 적이 없어서 진지하게 "내가 원하는 구조, 공간이 어떤 모습일까"를 그려보지 못한 점이 무척 안타깝다.
돌이켜보면, 입주 일정과 자금 계획 등 모두 중요하지만 설계 과정만큼은 최대한 자유롭고 여유롭게 잡아야 했다. 나는 설계가 끝날 즈음에서야 비로소 내가 어떤 집을 원하는지 감을 잡기 시작했는데, (왜냐하면 상담을 하면서 꿈이 점점 구체화되기 때문에) 허가 일정과 옆집의 일정도 고려해야 했기에 급하게 마무리할 수밖에 없었다.

집의 배치

p.101

1층은 아내를 위한 공간, 2층은 아이가 주인공이 되는 공간, 다락은 남편의 '사생활'(?)을 위한 공간이다. 1층을 최대한 넓게 활용하기 위해 거실과 부엌을 구분하지 않고 LDK로 구성했다. 대신 부엌을 최대한 거실처럼 느껴지도록(와인바 같은 느낌을 만들어 달라고 부탁했다) 구성했고, 음악을 듣고 영화 보기를 좋아해 매립 스피커와 스크린까지 설치했다. TV는 수로 요리를 하거나 부엌살림을 할 때 볼 수 있도록 아일랜드 바 옆쪽에 배치했다. 대면형 아일랜드 바는 가족과 아이를 살피며 일하기 좋고, 설거지를 할 때 고립되지 않아 좋다.

p.102

2층은 아이 방을 넓게 할애했다. 공부방과 침실을 미닫이로 구분하고, 공부방과 이어진 복층 방은 층고를 높여 개방감을 살렸다. 나중에 아이를 하나 더 낳을 경우를 생각해 매트리스 들어갈 공간을 확보했다(매트리스를 놓으면 하늘을 보며 잠들 수 있다). 두 아이가 공부방은 함께 쓰고, 침실은 분리한 설계이다.
3층은 남편의 서재이면서 가족이 함께 이용할 수 있는 도서관 같은 곳이다. 실제로 살아 보니 다락은 천장이 낮아 아늑하고 집중이 잘 되어 서재나 작업 공간으로 활용하기 좋다.

우왕좌왕 건축주

목구조 이해 부족: 허가 내기 바로 직전, 아이방을 평지붕, 평데크에서 복층방으로 급하게 변경했다. 목구조는 경사지붕이 관리와 하자에서 안전하다.

p.103

외장재: 가장 선택하기 힘들었던 것은 외장재였는데, 최종 결정은 폴라 화이트였다. 고민했던 종류로는 스타코와 붉은 벽돌, 목재, 돌, 케이뮤 등이었는데 다들 장단점이 있었다. 스타코는 가격대가 저렴하고 색상 선택의 폭이 자유로운 반면 오염에 약해 특유의 눈물 자국이 쉽게 생길 수 있다. 붉은 벽돌은 중세 고성 분위기를 내 답답해 보일 수 있는데다 선생님인 옆집 내외분이 학교 건물과 똑같다고 하셔서 패스. 목재는 시간이 지날수록 낡아 보이기 쉽고, 돌은 목조구조에는 무거운 소재를 외벽에 붙이는 것이 바람직하지 않아 포기, 케이뮤는 가격이 너무 고가라서 불가능했다. 사무소효자동에서 추천해준 시멘트보드를 염두에 두고 실제로 시공된 집들도 직접 답사해보았는데, 모던한 느낌이 좋아서 바로 결정한 다음 허가 도면을 기다리고 있던 중 우연히 판교 주택단지에서 하얀 벽돌 폴라 화이트를 보고 홀딱 반해버려 즉흥적으로 변경했다. 후에 사악한 가격을 보고 놀랐지만! 폴라 화이트는 호주 골드 코스트 해변의 모래로 만든 벽돌인데 환경 보호 차원에서 더 이상 생산하지 않는다 하여 일단 수량 확보가 다급했다. 게다가 이 제품을 수입하는 업체가 딱 한 곳뿐이라 선금을 보내고 날짜에 맞춰 달라 부탁에 부탁을 거듭했다. 허가 도면이 시멘트보드로 그려져 있긴 했지만 외장재를 바꾸는 건 큰 문제가 아닐 거라 생각했는데, 웬걸! 벽돌이 보드와 두께가 달라 이격 관계를 다시 계산하고 허가 도면도 다시 수정해야 하는 어려움이 있었다. 모든 선택에는 적절한 타이밍이 있다는 것. 그리고 그 선택은 완성된 도면에서 바꾸지 않는 것이 상책이라는 것을 배웠다.

p.105

기초 공사: 골조를 올리기 이틀 전, ㄱ자 였던 부엌 도면을 11자로 급하게

변경했다. 이로써 설비, 전기 배관의 위치가 급하게 변경되어 시공팀에 혼선을 초래했다. 특히 설비 배관은 콘크리트 타설 후에는 변경이 무척이나 까다롭다는 점을 이 책을 읽는 독자들이 기억하길 바란다.

내부 마감: 설계할 땐 자작 마감으로 결정해 놓고, 일본 MUJI 하우스를 보고 급하게 화이트 도장 마감으로 변경했다. 내장재를 다시 선정하는 어려움(문고리, 문틀, 타일, 문, 바닥마루색 등등)을 경험하며, 다시 한번 설계에 신중을 기울여야 한다는 것을 깨달았다.

인테리어, 디테일에 걸려 비틀거리다

막바지 과정, 여러 설비 마감이 한꺼번에 급박하게 돌아가는 상황…. 현장에 매일 매달릴 수 없는 맞벌이 건축주들은 하루만 현장에 안 가도 여러 가지 아쉬운 점을 발견하게 된다. 예를 들면, 생뚱한 콘센트가 붙박이 옷장 안에서 메롱 하고 있을 때, 계단 걸레받이에 번져 있는 실리콘 덩어리들을 볼 때, 설계대로 시공이 되지 않은 계단 몰딩을 결국은 뜯어내야 할 때, 구석구석에서 하자라고 하기에도 애매하고 직접 수리하자니 엄두가 나지 않는 얼룩과 까인 자국이 발견될 때….

이미 진행되어 바꾸기도, 다시 해달라고 하기에도 애매한 상황에 놓일 때 건축주는 스트레스를 받는다. 시공사에서 맘 좋게 바꿔준다고 해도 공정을 거꾸로 돌려야 하기에 많은 시간과 손해를 감수해야 한다. 가장 바람직하기로는, 인테리어 과정만큼은 건축주가 현장에 상주하는 것이다. 상황을 눈으로 직접 확인하고, 선택을 해주면 작업자들도 시간이 단축되니 반가워한다. 건축주들이 없으면 작업자들은 당연히 기존 방식대로만 시공을 하기 때문에 그 책임을 물을 수가 없다. 물론 사무소효자동에서 네 번에 걸친 디자인 감리를 해주었지만, 마감 디테일이란 것은 설계, 시공, 건축수

삼박자가 정확히 맞아야 완벽해질 수 있다. 여러 공정이 맞물려 돌아가는 현장의 한계이다. 따라서 내장 마감 시에는 디테일을 건축주가 직접 챙기고, 시공사와 건축가 사이에서 의견 조율을 해야 한다.

그래도 이 정도면 선방

건축주가 고를 수 있는 선택 범위는 도기, 타일, 문 종류, 바닥재, 현관문, 수전류, 조명 정도인데, 우리는 사무소효자동에서 모두 골라주어 행복한 경우였다. 다만 취향껏 결정해야 하는 조명과 타일, 도기는 제품 카탈로그를 아무리 들여다봐도 감이 안 잡혀 휴일이면 직접 돌아다니며 보고 골랐다. 직접 제품들을 보고 비교하면서 고르면 확실히 더 나은 선택을 할 수 있는데, 가장 주의할 점은 건축주가 임의로 현장에서 마감재를 바꾸지 말아야 한다는 것이다. 현장에서 즉흥적으로 설계도에 표시되지 않은 자재로 바꾸는 행동은 큰 위험을 초래할 수 있다. 제품 자체는 너무 멋졌는데, 막상 그 집에 갖다 두면 묘하게 어울리지 않는 상황도 연출된다. 집의 전체 스타일에 잘 맞는지 보는 안목은 건축가가 탁월하므로, 무언가를 바꾸고 싶다면 건축가에게 문의하길 권한다. 여자 배우들의 장점만을 뽑은 얼굴이 그다지 매력적이지 않는 것처럼, 비싸고 예쁜 요소도 조화롭지 않으면 디테일이 죽는다.

한 달 만에 집짓기? 한 달 동안 컨테이너에 살기

설계 일정도 예상보다는 길어진데다, 벽돌로 외장재를 급하게 변경하면서 허가가 늦어져 일정은 더욱 촉박해졌다. 게다가 화성시에 제출한 서류가 미비해(지자체마다 법령이 다르다) 열흘 남짓 허송세월만 보내고 있었다. 결국 장마 뒤 8월에 땅을 파겠다는 포부와는 멀어져 10월 말에야 비로소 땅을 파게 되었고, 혹독한 추위 속에서 공사를 진행해야 했다. 영하로 떨어지는 기온 때문에 며칠씩이나 벽돌 조적을 못하는 날도 많았다. 결국 한 달 동안 벽돌을 쌓았다! 그 결과, 팔려버린 집 때문에 한 달간 컨테이너에 이삿짐을 맡기고 서울 시댁에서 동탄으로 출퇴근을 해야 했다. 상황에 밀려 너무 조급해지지 않도록 우리는 서로 마음을 다독였고, 자꾸 앞서는 욕심을 억눌러야 했으며, 그 정신없는 와중에도 중요한 마무리를 놓치지 않으려고 애썼다.

따로 또 같이

p.104

많은 분들이 가장 궁금해 하는 점은 '땅콩집'에 대한 내용이다. 설계는 어떻게 했는지, 방음을 위해서 무엇을 고려했는지, 불편하지는 않은지 등등. 간단하게 우리가 어떻게 독립성을 유지하며 따로 또 같이 살고 있는지 적어보려 한다.

하나, 현관 방향을 분리했다. 파트너는 정면, 우리는 측면.

둘, 마당 분리. 가운데를 텃밭으로 분리해 마당도 각각 취향껏 꾸미기로 했다. 단, 아이들이 서로 자유롭게 오가도록 작은 길을 사이에 두었다.

셋, 데크 분리. 서로의 데크가 훤히 보이지 않도록 닫힌 구조로 설계

이렇게 땅콩집이지만 개별 정원과 집, 대문을 갖도록 설계해 공유 지분이라 해도 전혀 불편한 점이 없다.

단점이 있다면 (이미 지난 얘기지만) 설계할 때 아무래도 양쪽의 의견을 취합해야 하니 시간이 좀 걸리고 내 고집만 피울 수는 없다. 하지만 수도계량기는 분리해 설치해 고지서가 따로 나와 불편함이 없다.

반대로 장점이 있다면, 혹시나 있을 수 있는 손님(?) 걱정이 전혀 없다. 한쪽이 오래 집을 비우거나 외출을 해도 옆집에서 알아서 챙겨준다. 또 어떤

분들은 비싼 돈들여 무인택배시스템을 설치하는데, 우리는 언제나 대신 받아주는 사람이 있다. 음식을 너무 많이 해서 냉장고에 두었다가 결국 버리는 일이 거의 없어졌다. 자주 나누어 먹고 빌리기도 한다. 가장 좋은 점은 아이들이다. 친구가 옆집에 사는 격이니, 어린 시절이면 누구나 한번씩 그리던 꿈 아닌가.

조금만 유연해지자고 권하고 싶다. 형편이 넉넉지 않은데 아이들을 위해 당장 단독주택으로 옮기고 싶다면 땅콩집을 적극적으로 고려해보길 추천한다. 좋은 이웃을 얻어 외롭지 않고, 독립성이 유지되도록 설계한다면 사는 데 지장이 없고, 비용 절감효과(실제로 동탄에서 단독을 지으려면 최소한 6억 이상이 든다)는 최고다.

지금 당장 행복하기 위해

사실 자연에 대한 갈망은 우리가 세상에 났을 때부터 있었던 것일지 모른다. 다만 그간 눈과 귀가 멀어 느끼지 못한 것일 뿐, 이 집에 들어와 살면서 사람이 보이고 자연이 닿는다.

톱질하는 뒷집 아저씨, 앞집 아줌마, 아침 저녁으로 감나무, 배나무, 벚나무에게 인사하는 세윤이…. 우리 옆집은 벌써 동네 사랑방이 되었다.

설계할 때나 시공할 때는 좋은 디테일, 멋있는 구조, 높은 천장, 이런 것에 집착하게 마련이지만, 살아보니 별로 중요하지 않다. 중요한 건 아이의 밝아진 표정, 따뜻하고 바람 잘 통하는 작은 공간, 햇살이 그득하게 뿌려지는 남쪽창, 나무를 심을 수 있는 한 뼘의 마당, 그리고 마음이 편한 좋은 이웃이다. 다시 말해, 단독주택이라면 참으로 쉽게 얻을 수 있는 것들이란 얘기다.

땅콩집, 재산상의 개념으로 접근하면 손해일지도 모르겠다. 하지만 이제에 밝은 내가 이 집을 지은 까닭은 지금 당장 행복하기 위해서다. 행복을 유보하지 않기 위해서다. 시간은 흐르고, 아이는 자라고, 나는 늙어갈 것이므로….

너는 너무 많은 것에 맘을 쓰며 걱정하지만,

실상 필요한 것은 한 가지뿐이다.

「누가복음」 중에서

절제와 단순함이 돋보이는 인테리어를 추구했다. 벽에 스크린을 설치해 1층을 영화감상실로 꾸미고, 부엌과 식당 쪽을 가족이 함께하는 공간으로 넓혔다. 부엌은 아일랜드형 시스템가구를 배치했고, 조리대 뒤쪽 벽 전체를 수납공간으로 만들었다. 텔레비전은 보통 요리를 하면서 잠깐씩 시청하기 때문에 조리대 옆에 두었는데, 방향을 자유자재로 움직일 수 있다.

2층은 아이방과 드레스룸이 딸린 부부침실, 욕실로 이루어지는데, 아이방을 다락과 연결해 복층구조로 꾸몄다. 놀이 공간과 침실 공간을 분리해주었다.

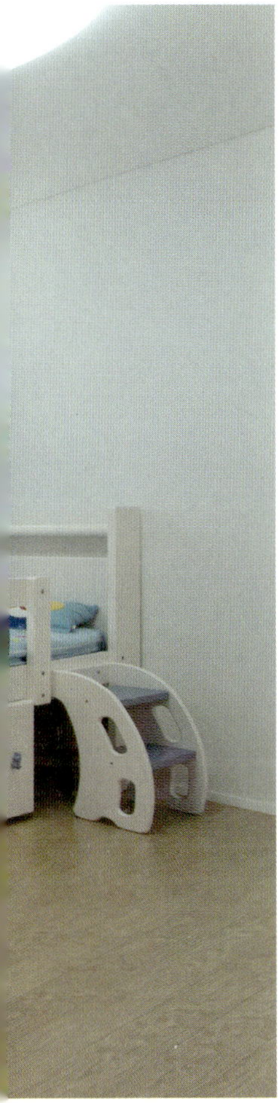

부부침실에 딸린 드레스룸과
욕실을 미닫이문으로 연결했다.
다락은 부부의 서재로 사용한다.

틈만 나면 뒷집, 앞집 가족들이 모여 시간 가는 줄 모른다. 형편이 넉넉지 않은데 단독주택으로 옮기고 싶다면 땅콩집을 적극적으로 고려해보길 추천한다. 좋은 이웃을 얻어 외롭지 않고, 독립성이 유지되도록 설계한다면 비용 절감효과는 최고다!

출입구를 돌출시켜 양쪽 집의 데크를 분리했다. 또 화단으로 마당도 구분했다. 땅콩집이지만 각각의 정원과 집, 대문을 갖도록 설계해 필지를 나누어 써도 전혀 불편한 섬이 없나.

05 전남 보성
시골에 부모님 댁을 신축하다

© 황효철

부모님이 살고 있는 시골집을 신축하기로 하고 출발한 지 8개월, 부모님은 물론이고 가족 모두가 아주 만족하며, 동네어르신들이 부러워하는 집이 되었다. 나 또한 왕복 10시간을 마다하지 않고 달려가고 싶은 멋진 집이 완성되었다.

건축주	박종주
가족 구성	부모님 부부
건축가	김창균(유타건축)
시공사	하우징플러스
대지면적	661㎡ (약 200평)
건축면적	119㎡ (약 36평)
연면적	119㎡ (약 36평)
구조	1층 / 목조
설계 기간	4개월
시공 기간	4개월
설계비	2,400만 원
전체 시공비	2억 4,000만 원 (주차장 및 조경 제외)

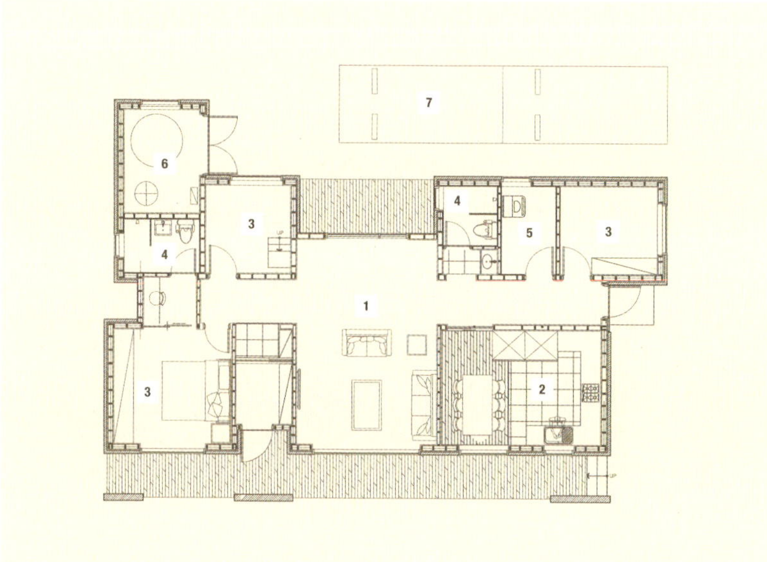

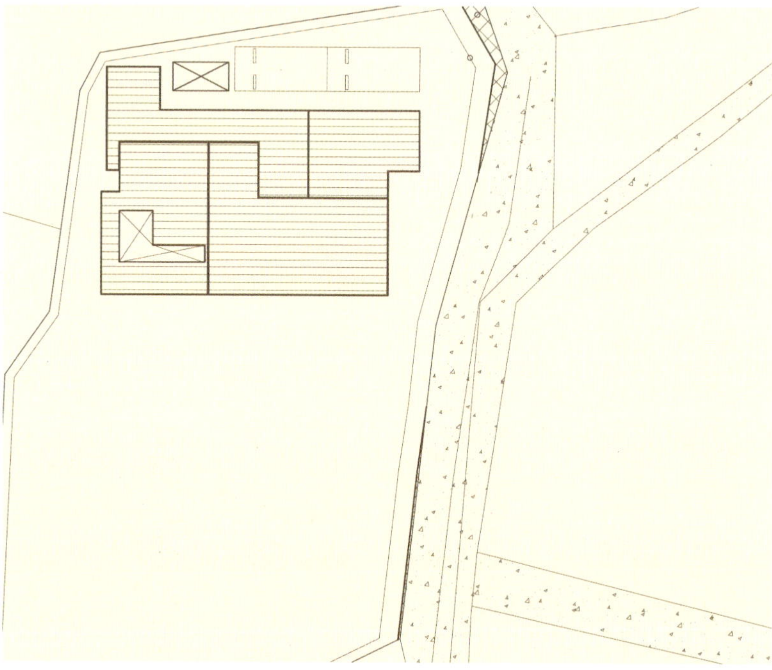

1. 거실
2. 부엌
3. 방
4. 화장실
5. 다용도실
6. 보일러실
7. 주차장

설계의 큰 틀

나는 서울의 33평 아파트 정도의 편리한 집을 목표로 정한 뒤 설계를 시작했다. 친환경과 단열에 유리하다는 건축가의 적극적인 건의로 기본구조는 목조로 하기로 했다.

전체적인 규모와 층에 관해 참 오래도록 고민했다. 예산 내에 맞춰야 한다는 목표에 더해 명절이면 도시에서 출가한 자식들이 마음 편하게 모두 모일 수 있는 정도의 규모는 되어야 했는데, 이 여러 욕심들을 채우기가 쉽지 않았다. 우선은 연로한 부모님이 2층 계단을 오르락내리락하며 집을 관리하기란 쉽지 않은 일이었고 동네에 높다란 2층집이 드물기도 하여—2층 규모만 올라가도 뒷집의 전망을 완전히 가리게 된다—아담하고 정갈한 느낌의 단층 주택으로 결정했다. 계단이라는 창의성을 발휘할 수 있는 큰 요소가 사라져 건축가는 못내 아쉬워했지만, 여러 차례 동네를 둘러보며 경사지붕의 단층집이 잘 어울리겠다고 판단해주었다.

p.117

지붕은 처음에는 옥상을 활용하고자 편평한 모양을 생각했다가 역시 누수나 청소 등 관리의 어려움을 고려하여 경사지붕으로 마음을 바꾸었다.

무엇보다 중요한 공간은 거실이었다. 명절이나 휴가철에 가족 전체가 모여도 충분할 정도로 여유로워야 하니 최소한 33평 아파트의 거실 정도 규모는 필요했다. 단층집으로 진행하고 거실에 큰 공간을 할애하니 주방과 부부방 등 실내의 구석구석을 짜임새 있게 만들어내기 쉽지 않았다.

p.122

주방은 거실의 앞쪽으로 배치해 햇빛이 직접 들도록 하고 마을 전경과 집으로 들어오는 손님이 바로 보이도록 했다. 흔히 주방과 식탁을 거실 뒤쪽이나 옆으로 배치를 하는데, 우리집의 주방과 거실은 일반적인 공간배치에서 약간 벗어났다고 할 수 있다. 애초에는 거실과 주방을 합쳐 트인 공간으로 만들까도 했지만 공간이 엄격하게 구분되는 한옥 스타일에 익숙한 부모님이 강력하게 반대해, 결국 주방과 거실은 벽으로 분리됐다.

조리를 하는 부엌과 함께 밥을 먹는 식당, 이야기를 나누는 거실의 공간이 적당히 섞이고 함께 어우러지는 것이 편리하다고 느끼는 쪽은 역시나 젊은 세대인가보다. 부모님 세대는 마음껏 움직이고 일상을 나누는 대청마루와 음식을 하는 곳이 정갈하게 나뉘어야 편하다고 생각하신다. 거실과 주방의 위치와 크기를 결정하고 나니 자연스럽게 안방을 비롯한 방 3개, 화장실, 다용도실 등이 제자리를 잡아갔다. 많은 식구가 모일 때 편리하도록 화장실을 거실과 안방에 두 곳으로 했고, 관절이 좋지 않은 부모님이 청소하기가 수월하도록 욕조를 빼고 샤워부스로만 두기로 했다.

시골에서 에어컨이 없이 여름을 날 수 있도록 한옥의 대청마루처럼 선선하게 맞바람이 불게 지었으면 좋겠다는 의견도 보탰다. 동시에 겨울에 적은 난방비로 외풍 없이 따뜻하게 보내는 것도 중요했다. 겨울철 난방과 단열을 위해 무엇보다 중요한 요소는 '창호'이다. 다른 곳에 드는 비용을 줄이고 아껴서 창호는 기밀과 단열성능이 좋은 다소 고가의 제품을 선택했다. 도시와 달리 시골은 난방과 온수가 고민인데 심야전기를 주시설로 사용하고, 기름보일러를 보조 장치로 설치해 만약의 사태에 대비했다. 감당할 수 있는 유지비가 나오도록 여러번 검토해서 내린 결정이었는데, 실제로 심야보일러 설치비는 600만 원 정도로 상당한 고가였다. 그리고 광주나 순천 등 거리상 조금 떨어진 곳에 대리점이 있다 보니 A/S에 관한 부분도 조금은 걱정된다.

없는 듯 자연스러운 집

나에게도 건축가에게도 집의 외관의 가장 중요한 주제는 '주변과 자연스럽게' 어울리는 것이었다. 동네에 오래 함께 살아온 예순, 일흔을 훌쩍 넘긴 오랜 이웃들이 수시로 드나들어도 불편함이 없고, 부모님이 집안에서나

집밖에서나 동네 벗을 식구삼아 지낼 수 있도록 격의 없으면서도 편리한 단독주택을 원했다. 건축가 또한 동네를 방문해 20여 호의 집들을 하나하나 둘러보고 나서 나의 의견에 고개를 끄덕여주었다. 화려하거나 요란하지 않은, 정갈하면서도 푸근한 시골 아낙 같은 집이 건축가와 내가 꿈꾸는 디자인이었다.
많은 건축주들이 그렇겠지만, 외장재를 선택할 때 마음이 각별했다. 목재와 흙, 스타코 등 일반적인 외장재들을 모두 생각했는데, 주변의 환경과 내구성, 비용과 디자인적 요소를 모두 고려해 벽돌로 결정했다. 다만 벽돌로 하되 눈에 띄는 붉은 벽돌보다는 짙은 회색의 고(古)기와 느낌을 떠올려주는 전벽돌로 결정했다. 지붕의 처마선은 완만한 경사의 주변 능선과 봉우리와 보조를 맞추었다.
건축면적은 36평으로 도시 단독주택에 비하면 그리 큰 규모가 아닌데, 시골집들이 워낙 자그마하다보니 이 정도 규모도 눈에 띈다. 특히 완만한 경사지붕은 가장 높은 곳이 5미터에 달해 아담하게 내려앉은 집이라기보다는, 제법 크고 높은 집이 되었다. 다만 전벽돌의 마감과 소박한 디자인이 마을 분위기와 잘 어울려 크게 낯설게 느껴지지는 않는다. 작고 낮은 집을 바라면서, 또 한편으로는 넓은 거실에 주방, 방 3개, 화장실 2개, 다용도실 및 보일러실 등 필요한 모든 공간을 원했으니 옛집보다 불가피하게 넓어진 측면도 있다.

의외로 까다로운 시골집 담장

시골집들은 대체로 담장이 높다. 도둑 들 걱정 없고 작은 마을에 옹기종기 모여 살아 담장 없는 집도 많을 것 같다는 보통의 예상과는 완전히 다르다. 오히려 대도시 집 담장보다 더 높으면 높지 절대 낮지 않다. 상황이

p.124

이러할지니, 애초에 담장을 쌓지 않을 작정이었던 나와 건축가는 완강한 반대에 부딪혔다. 부모님과 함께 보성에서 수십 년을 살아오신 친척도 담장을 높게 해야 한다고 목소리를 높였다. 이유인즉슨, 첫째 집들이 낮고 어르신들이 보통 방문을 열어놓고 살아가니 담이라도 없으면 생활이 너무도 훤히 드러나는 까닭이다. 둘째, 작은 집성촌이니 담장이라도 가려주지 않으면 부부끼리 나누는 대화도 동네로 퍼지게 마련이어서 살기가 불편하다는 것이다. 처음엔 도무지 이해가 되지 않았는데, 어르신들의 생활을 듣고 동네를 다시 둘러보니 나름 이해가 되고 일리가 있는 주장이었다. 하여 건축가와 나는 담장을 만들되, 사생활 노출이 심하지 않으면서도 폐쇄적인 느낌을 주지 않는 적절한 높이를 찾기로 했다. 높은 곳은 0.7미터, 낮은 곳은 0.3미터로 낮은 쪽에는 각종 장류를 담은 장독대를 두어 옹기들이 집으로 열린 시야를 어느 정도 막아준다. 그리고 집 뒤쪽 주차장 입구와 앞쪽 출입구에는 간곡히 청을 드려 대문을 달지 않았다. 낮은 담장으로 거실에서 마을 전경이 훤히 보여 답답하지 않고, 골목을 걷는 이들의 눈높이 위로 살짝 올라간 담장은 집안으로의 시선은 차단해준다. 집안에서 산과 들, 이웃집, 마을 골목길과 마을회관에 서 있는 사람이 그대로 보이는 그 자체가 그림인 풍경이 너무 좋아 부모님을 끝까지 설득했는데, 올 가을이 지나면 부모님께 진솔한 소감을 듣고 싶다.
현장소장은 "이런 시골에 묻혀 있기에는 너무 아까운 집"이라고 덕담했지만, 거꾸로 나는 도시에 사는 자식이 '건축가 선생'까지 모셔와 집을 짓는다는 풍문을 그대로 드러내는 것 같아 마음이 무거워지기도 했다. 실제로 시공하는 내내 집을 보러 멀리서까지 손님들이 구경을 오곤 했는데, 어찌나 쑥스럽고 민망하던지 혼이 났다.

지출은 항상 초과

항상 자금이 중요하다. 공사가 진행되면서 생각지 못한 여러 가지 일들이 발생할거라고 예상을 단단히 했지만 만만치 않은 상황들이 많았다. 특히 내부 인테리어 공사 과정이 그랬다. 당초 예상보다 30% 정도를 넘어섰는데, 우리가 흔히 '아파트 수준'이라고 간편하게 생각하는 인테리어의 수준도 단독주택에서 구현해내기가 만만치 않다. 한번에 수천 채 물량을 구입하는 단가와 비교하기 힘들었다. 규모의 경제를 절감하는 순간이었다.

주차장, 마당조경, 담장, 지하수공사 등은 건축비와는 별도이다. 예산을 설정할 때 본 건물시공비와 건물 주변을 만들기 위한 비용, 인입비 등 설비비, 각종 세금까지 정확하게 정하길 권한다. 실내 인테리어 또한 시공사에서 작업하는 내용 이외에 추가할 항목이 제법 많다. 붙박이장, 수납장, 창호, 블라인드, 심지어 화장실 비데 등까지 예산을 설정하고 검증하는 기간은 설계 기간만큼 오래 필요하고 중요하다.

사용하는 재료를 한 등급 아래로 하면 예산에 맞추기 쉽지만, 또 사람 마음이 어디 그런가. 약간의 비용 차이에 비해 품질의 차이는 꽤나 크다. 기왕 짓는 집, 중간 이상의 제품을 쓰고 싶다는 것이 모든 건축주의 마음일 것이다. 나의 경우엔 초과지출을 감수하더라도 편리성과 디자인 등 처음에 가졌던 계획을 포기하고 싶지 않았다.

전남 보성의 아주 작은 마을까지 수시로 내려와 설계 변경사항을 체크하고 시공사와 대화하는 건축가를 만나, 또 그 먼 지방까지 내려와 좋은 집짓기에 동참하겠다는 약속을 끝까지 지켜준 시공사를 만나 공사를 하는 4개월이 내내 굉장히 즐거웠다. 내부마감과 인테리어도 만족할 만한 수준으로 완성되었다. 세상에 싸고 좋은 것은 없다. 불필요한 지출은 최대한 줄여야겠지만, 당연한 지출을 줄이면 그만큼 부실과 저가품으로 되돌아오는 것이 현실이다.

아쉬운 점들

37년 된 낡은 집이 순식간에 철거되고 기초공사를 시작으로 본격적으로 집짓기에 들어갔다. 애초에 공사기간을 2개월, 길어도 3개월로 예상했으나 3월 26일에 시작된 공사는 7월 20일경에야 완전히 마무리되었다. 4월과 5월에 예년과 달리 비가 자주 내리는 바람에 약 10일이 지체되었다(날씨는 그야말로 불가항력이다). 6월 이후 비닐하우스에 임시 거처를 마련하고 생활하던 부모님은 높아지는 온도만큼 짜증도 더해갔으며 공사를 하루하고 이틀 쉬기 일쑤라며 불평도 커져갔다.

나는 나대로, 시공사는 시공사대로 어려움이 많았다. 우선은 시골에서 실력 있는 기술자를 구하기가 어려웠고—현장소장이 정말로 고생을 많이 했다—자재를 구입해서 내려 보내는 데에도 서울이나 수도권보다는 훨씬 더 많은 시간과 노력이 필요했다. 전기설비 기술자는 두고두고 말썽이어서 현장소장을 가장 오랫동안 괴롭혔다.

소소하지만 설계 변경도 제법 됐다. 건물 앞쪽 처마길이가 1.5m 정도인데 설계도면에는 없는 이 처마를 지탱할 보를 별도로 설치해야 했고, 거실 천장의 형태는 공사를 하면서 결정했다. 거실의 전면과 후면, 안방의 창호의 여닫는 창문의 위치가 반대로 설치되었는데, 주문제작한 창호라서 한번 설치하면 재시공이나 수정이 불가능하여 그냥 그대로 사용할 수밖에 없게 됐다. 시공자가 주문을 낼 때 한번만 건축주에게 상의했더라면 하는 아쉬움이 진하게 남는다.

p.121

석고보드 벽공사와 외부 벽돌공사까지는 설계도면대로 일사천리로 진행되었지만, 그 다음 내부 인테리어와 마감작업은 모든 것을 하나하나 검토하고 결정을 해야 했다. 거실과 방, 화장실 천장의 형태와 재질, 전기 콘센트와 전등의 위치와 종류, 붙박이장의 모양, 마루, 화장실의 타일과 세면대, 변기와 비데, 샤워수전, 주방과 블라인드, 벽지, 문손잡이 등 끝도 없이 고민하고 선택을 해야 한다. 미리미리 생각하고 계획하지 않으면 실수하기 십상이다. 다행히 건축가가 때마다 적절하게 조언을 해주어 무사히 넘길 수 있었다.
시골에 집을 짓는다면 지하수를 이용하기 쉬운데, 주방에서 물을 사용하면 화장실 등 다른 곳의 수압이 낮아지지 않는지 반드시 점검해야 한다.
작년에 경매를 통해 새 이웃이 왔는데 담장과 빗물의 수로 때문에 민원을 제기하는 바람에 몇 세대가 살던 집터의 지적조사를 처음으로 하게 되었다. 막상 경계를 측량해보니, 옆으로는 이웃집이 우리집 땅으로 넘어왔고, 반대로 뒤쪽으로는 정화조와 주차장 일부가 이웃집 땅으로 판정되었다. 서로 현재의 상태를 그대로 인정하기로 원만하게 합의하긴 했다. 증조할아버지 이래로 수십 년을 살아왔는데도, 부모님도 처음 알게 된 황당하고 놀라운 사실이었다.

준비가 곧 끝이다

집을 지을 때 제일 중요한 것은 건축주의 성실한 준비와 계획이다. 좋은 설계가 좋은 집을 낳는다. 공부하고 타인의 경험을 경청하고, 전문가와 상담을 하고 주위의 의견을 두루두루 청취하면 훌륭한 집으로 돌아온다. 필요한 것은 돈이 아니라 발품, 손품, 머리품이지 않을까?

동네에서 오래 함께 살아온
어르신들이 수시로 드나들어도
불편함이 없도록 소박한
툇마루를 두었다.

1 평화롭고 고요한 동네 어귀 풍경.

2 나에게도 건축가에게도 집의 가장 중요한 주제는 '주변과 자연스럽게' 어울리는 것이었다.

3 지붕의 처마선은 완만한 주변 능선을 따랐다.

© 황효철

옛집의 모습과 시공 과정.
집터는 넓지만 건축면적은 옛집과 비슷하게 하고자 했다. 부모님이 돌보고 관리하기 어렵지 않도록 단층으로 설계했고, 내단열, 외단열, 2중 단열로 외풍으로 오랜 세월 고생했던 기억을 지워드리고자 애썼다.

외장재는 오랜 시간 고민해 전벽돌로 정했다. 전벽돌은 고(古)기와 느낌을 떠올려주고 동네의 이웃집들과 잘 어울린다. 단열에 치중을 하다보니 다른 요소보다 창호에 많은 비중을 두었다.

© 황효철

© 황효철

© 황효철

거실을 집의 안쪽으로, 마당과
바로 연결되는 앞쪽에 부엌을
두었다. 다락에는 천창을 두어
채광과 환기를 자유롭게 했다.

1 장독대와 나란한 담장. 사생활 노출이 심하지 않으면서도 폐쇄적인 느낌을 주지 않는 적절한 높이로 담장을 두었다. 담장이 낮은 쪽에는 장독대를 두어 옹기들이 집으로 열린 시야를 어느 정도 막아준다.

2 주로 명절에만 쓰는 가재도구들 수납을 위해 다락에 수납 공간을 만들었다.

무엇보다 갓 지은 새집이 30, 40년 오래오래 살아온 동네 이웃집들과 위화감 없이 어울려 흡족하다.

06 용인 구성
롤리팝하우스를 만든 두 개의 시선

이제부터 건축주의 조울증을 치료할 몇 가지 백신을 적어보겠다. 물론 나의 경험에서 우러나온 팁이니 무조건 신뢰는 위험하다. 어쩌면 모르고 시작하는 편이 더 나을지도….

건축주	김대성, 이지선
가족 구성	부부 + 자녀 1
건축가	문훈(문훈발전소)
시공사	브랜드하우징
대지면적	204.1㎡ (61.8평)
건축면적	60.95㎡ (18.44평)
연면적	102.98㎡ (31.15평)
구조	2층 / 목조
설계 기간	1.5개월
시공 기간	4개월
설계비	2,200만 원
전체 시공비	약 1억 8,500만 원

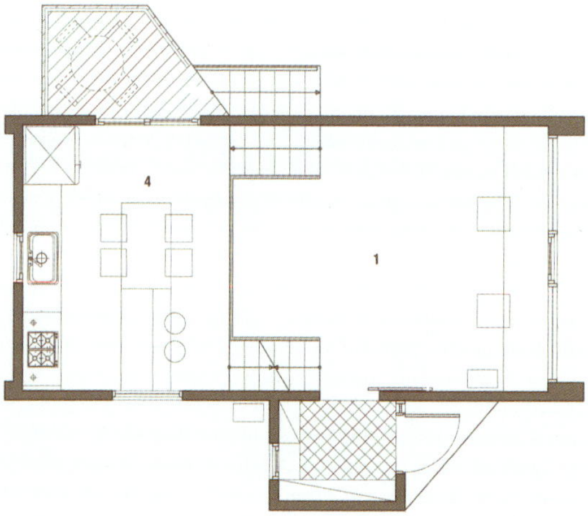

1층

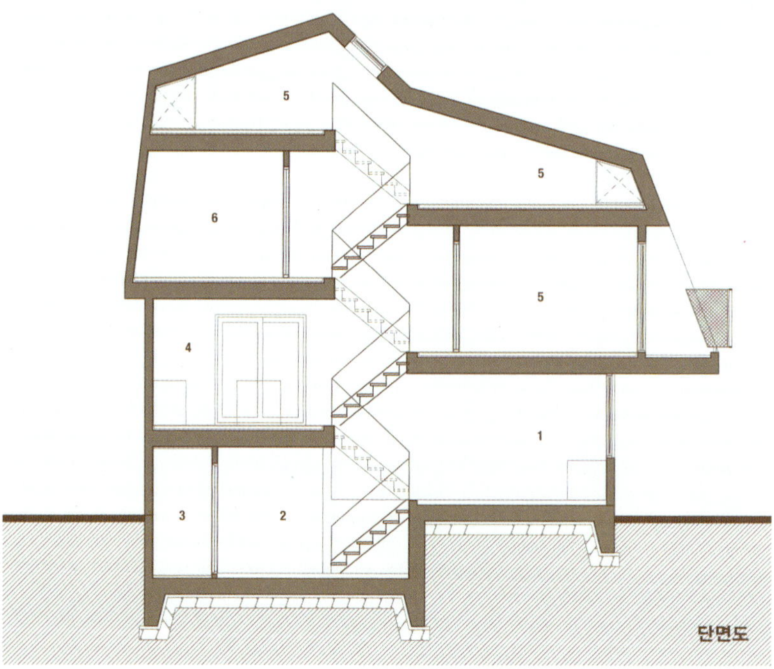

단면도

1. 거실
2. 서재
3. 화장실
4. 부엌
5. 방
6. 아이방

남편의 처음 생각 vs. 아내의 처음 생각

남편: 나도 남 못지않은 아파트 전문가다. 서울 하늘 아래 살아가는 가장이라면 누구나 아파트만큼은 확실히 알지 않는가! 30년 이상 아파트에 살았다. 70년대 초반에 지어진 최초의 초고층 아파트, 바다모래로 유명한 1기 신도시아파트, 최신식 주상복합까지…. 이만하면 전문가라 해도 되지 않을까. 오래 아파트에 살다보니 대충 동네를 둘러보면 이 동네의 최고가는 어느 아파트겠구나, 어느 동이 가장 비싸겠구나 하는 것이 한눈에 보인다.

아내: 결혼하고 아파트에 처음 살아봤는데, 어쩜 그리 포근한지 단독주택은 집도 아니라고 생각하게 됐다. 그간 불편해서 어찌 살았나 싶었다. 그러나 천정부지로 오르는 전세 시세 때문에 우리는 이런 저런 아파트로 자주 이사했고, 주상복합도 경험하게 되었다. 처음 살아본 주상복합은 헉 소리가 절로 나왔다. 아파트에 비할 바가 아니다. 백화점 카트를 집앞까지 가져올 수 있고, 눈비 한 방울 안 맞고 마트, 책방, 커피숍을 들락거릴 수 있다. 전망은 또 어떤가. 꽤나 높은 고층에서 내려다보는 서울이란 참 화려하고 볼만했다. 보안으로 말하자면, 입주자 모두 국빈 대접을 받는 느낌이었다. 단지 입구, 건물 엔터런스, 현관, 3중으로 철저하게 통제했다. 간혹 그런 생각이 들긴 했다. 이런 거 거치지 않아도 잘 먹고 잘 살았는데 좀 너무한 거 아닌가….

남편의 도전 or 아내의 도발

남편: 한국의 여느 부모가 그렇듯 나도 아이가 커가니 슬슬 어느 지역에 정착을 해야 하나 고민이 시작됐다. 그즈음 2010년 겨울, 12월 이직을 앞두고 2주 정도의 여유가 주어졌다. 돌이켜보면 내 인생에서 가장 중요한 시기가 아니었나 싶다. 인터넷 서핑을 하며 여유롭게 새동네 물색에 나섰다. 물론 강남, 목동은 턱도 없었다. 아파트값은 아무리 세상사를 인정하려 해도

납득이 되지 않는 수준이었다. 그러다 부동산 뉴스를 통해 땅콩집 기사를 만났다. 속이 벌렁거렸다. 그때부터 연신 카페에 살았다. 새로운 정보가 나오면 바로 메모하고 조사했다.

아내: 나는 종일 집안에만 있어도 심심하지 않은 타입이다. 그렇지만 제아무리 혼자놀기 달인이라 해도 아이를 키우면 이웃과 소통하게 된다. 나는 독특하게도 주상복합의 답답함이 아니라 이웃들에 피로를 느꼈다. 또래의 이웃들은 늘 무한 공구에 빠져 사는 듯했다. 전집을 사들이고 장난감을 사고 사고 팔고 팔고…. 영어유치원, 놀이학교, 원어민 강사 등등. 도통 관심이 가지 않는 화제들에 민감했다. 그 즈음 남편은 땅콩집에 빠져 살았다. 우리 부부는 오랜 친구같이 지내는 사이인지라 남편의 관심에 나도 슬슬 빠져들기 시작했다. 어머, 재밌네? 우리도 해볼까? 괜찮을까? 괜찮겠지? 그럼, 짓자!

남편과 아내의 합

우리 부부는 택지지구에 관해 기본적인 전제를 정했다.

첫째, 상업 시설이 즐비하지 않을 것

둘째, 걸어서 통학할 수 있는 거리에 학교가 있을 것

셋째, 조용한 동네여야 하지만 기반시설은 들어선 곳

넷째, 해가 가득 드는 곳일 것

다섯째, 출퇴근 시간을 합쳐 2시간 이내일 것

이 기준을 정하고 만난 곳이 지금의 택지지구이다. 놀이동산에서 돌아오는 길에 그냥 한번 보기만 하자며 답사를 했는데, 비록 앞뒤가 아파트 단지였지만 뒤로 펼쳐진 산자락에서 풍겨 오는 산내음이 너무 좋았다.

학교도 가깝고, 빵집, 분식집, 병의원 약국들도 가깝게 들어서 있었다. 어둑한 밤이었는데도 금방 호감이 가는 동네였다(화제를 일으킨 땅콩집 1호의 바로 옆 동네였다). 다행히 LH에서 분양 중인 택지였기에, 다른 잡음 없이 땅을 손에 넣을 수 있었다.

남편의 계획 & 아내의 보충

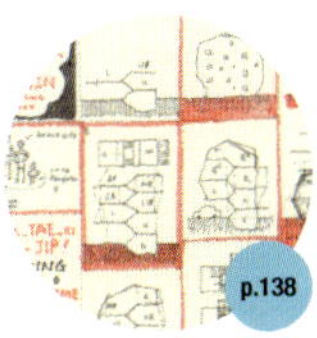
p.138

남편: 때마침 관련 까페에서 여러 명의 건축가들에게 설계를 의뢰할 수 있는 코너를 만들었고, 여러 건축가들의 그간의 작업을 살펴보자마자 바로 '문훈 발전소'로 결음했다. 상담을 받기 전에 나는 두 가지의 원칙을 지키자고 다짐했다. 하나는 건축가의 첫 디자인을 최대한 지켜나가자. 가장 순수하고 정갈하면서 도발적인 첫 그림의 느낌에 분칠하지 않는 게 좋다는 것을 선배 건축주들로부터 배웠다. 다른 하나는, 계단을 중심으로 삼자. 그간 공부한 바에 따르면 단독주택에서 필요불가결한 요소가 계단인데, 너무 부수적인 취급을 당하는 듯했다. 계단이 꼭 필요하다면 계단을 주인공으로 만들어버리자.

아내: 문훈 소장님의 설계 초안은 완전 내 스타일이었다. 작업 과정이 마음에 드니 모든 게 마음에 들었다. 그럼에도 우리는 길고 긴 조율 기간을 거쳤다. 예를 들어, 지구의 건축법에 맞춰 층수를 낮추고, 북쪽 마당이 넓으니 아이가 그곳에서 지내는 시간이 많을 것 같아 마당이 훤히 보일 수 있는 창문을 설계했다. 또 현관에서 바로 부엌이 보이는 구조가 맘에 들지 않아 2층으로 부엌을 올렸다. 두 차례 수정을 거쳐 현관을 남쪽으로 내고 2층 부엌 옆으로 테라스를 만들고, 지하를 만들기로 했다가 포기했다가 다시 만들기로 최종 결정했다. 기존의 지하 설계는 좌측이 화장실, 중간이 창고, 우측이

보일러실겸 다용도실이었는데 막상 땅을 파본 결과 오수관이 더 높게 준설된 관계로 화장실에 펌프를 설치해서 사용해야 한다는 상황을 전해 들었다. 이렇듯 시공 중에도 실시간으로 건축가가 설계를 조정할 수 있으니, 가능하면 현장 상황을 건축가와 긴밀하게 커뮤니케이션해야 한다. 테라스의 위치나 크기, 천장 사이즈, 지하 공간 등등 세세한 조율이 길고 긴 시간 이어졌다.

남편의 고민 & 아내의 선택

남편: 시공사에 대한 이야기는 역시 껄끄럽다. 시공사와 주로 나누는 이야기가 대체로 돈에 관한 것들이니 당연하다. 건축가가 꿈을 이야기하면 시공사는 현실을 제시한다. 그렇다면 좋은 시공사의 기준은 무엇일까? 견적이 가급적 구체적이며 공사 항목에 대해 건축주에게 성실하게 상담해 주려는 마음이 첫째이다. 어떻게 신뢰 가는 시공사를 찾을 수 있을까? 실적이 많고, 이전 건축주들의 만족도가 높고, 사후 관리가 철저한 시공사라면 충분히 신뢰할 만할 것이다. 그러나 참 추상적이고 주관적인 견해다. 경험해보기 전에 딱 잘라 말하기 어렵다. 열정적으로 일을 맡아준다면 실적이 무슨 상관이랴. 보수할 문제를 애초에 만들지 않는다면 사후 관리가 무슨 필요 있으랴.

아내: 시공사 선정 과정은 어려우면서도 단순했다. 최종적으로 우리는 '브랜드하우징'이라는 회사와 진행했는데, 사실 회사 이름보다는 그곳의 대표를 믿고 진행했다. 무엇을 보고 믿었느냐 하면, 당연히(?) 외모를 보고 결정했다고도 할 수 있고, 목조건축협회에서 여러 일을 진행한 경험을 믿었다 할 수도 있겠다. 무엇보다 얘기를 잘 들어주고, 또 많은 이야기를 먼저 건네주어 마음이 기울었다. 받아들이기에 따라 좀 황당할 수도 있겠지만,

이처럼 시공사 선정은 오롯이 건축주의 재량이다. 건축가에게 조언을 구할 수는 있겠지만 최종 결정은 건축주가 하고 그 선택에 대한 책임도 건축주가 감당한다.

남편의 약도 없는 조울증 vs. 아내의 끝도 없는 기다림

남편: 집짓다 보면 누구나, '그냥 아파트에 살 걸' 후회한다. 이어지는 돌발 상황과 무수한 선택지들, 욕심과 절제 사이에서 건축주는 끝없이 괴롭다. 그런데 공정 하나가 마무리될 때마다 마냥 행복에 버겁다. 오전이 우울하면 오후는 행복하고, 다음날 즐거우면 그 다음날엔 눈물이 앞을 가린다. 이제부터 건축주의 조울증을 치료할 몇 가지 백신을 적어보겠다. 물론 나의 경험에서 우러나온 팁이니 무조건 신뢰는 위험하다. 어쩌면 모르고 시작하는 편이 더 나을지도….

첫째, 공사기간. 아마 다른 건축주들도 입이 닳도록 강조할 테지만, 나도 빼놓고 싶지 않다. 최소한 3개월을 강력 추천한다.

둘째, 도면과 소통. 설계는 100% 완성이 아니다. 설계는 과정이다. 하여, 건축주는 시시각각 현장 상황을 예의주시해야 한다. 시간이 촉박한 관계로 종종 설계 변경이 건축가에게 전달되지 않는 경우도 있다. 가장 조심해야 할 점이다. 설계 변경은 반드시 건축가에게 알리고, 실시도면을 수정해야 한다.

셋째, 공정별 확인 사항들. 믿을만한 시공사를 선정했다면 하자는 크게 염려할 필요가 없을 것이다. 하지만 작업자마다 도면 해석이 다를 수 있다. 특별한 디자인 요소가 있다면 꼭 확인해야 한다. 도면 해석이 애매한 상황이 발생하면 보통은 건축가에게 연락을 해 확인을 받지만, 부득이한 상황이라면 몇 분 만에 선택을 해야 한다. 가능하면 하루나 이틀 전에 다음 진행 사항을 파악하고 현장 소장과 진행 방법과 예상되는 문제에 대해 충분히 논의하는 것이 가장 좋은 방법이다. 내가 진행하면서 느낀 현장 확인 포인트는 아래와 같다.

p.142

기초공사: 기초가 완료되면 설비 및 전기 배관 위치가 정해진다. 이때 설비 배관이나 전기 배관의 위치가 건축주의 생각과 일치하는지 확인이 필요하다. 그리고 설비 및 전기 시설들의 위치는 반드시 기초 콘크리트 타설 전에 확인한다. 예를 들어, 전기 통신 배전반은 보통 현관에 설치되는데 특별히 다른 곳에 설치되길 원한다면 꼭 미리 얘기해야 한다. 기초공사가 마무리되면 되돌리기 불가능한 경우가 흔하다.

골조공사: 문과 창문의 위치 및 크기, 계단실의 위치와 계단 높이 등 전체적인 구조 내용을 확인한다. 문과 창문 등의 위치와 크기는 시공시 약간씩 변경되는 경우가 많은데, 놓치고 지나가면 후에 창호 발주 때 문제가 된다.

대형 제품이나 가구들: 부엌에서 가장 중요한 곳은 싱크대이다. 시스템 제품을 들여놓든 직접 제작 주문을 하든 부엌의 인상을 좌우하니, 정교한 부엌 시공을 원한다면 시공 전에 확정하고 도면상에 반영하길 권한다. 더불어 붙박이 옵션들에 대해서도 현장과 철저하게 공유해야 한다. 특히 수전 위치 등은 매우 중요한데, 식기세척기 같은 부가적인 제품에 대한 평면도 표기가 미흡한 경우가 많다. 욕실에 비해 부엌은 복잡하고 요소가 많으니 가능하면 주방업체의 상세 도면을 현장에서 공유하길 권한다.

내, 외장 공사: 외장의 경우 입면도가 확실하다면 크게 걱정하지 않아도 된다. 반면, 인테리어는 각 집만의 특징이 분명하게 드러난다. 특히, 인테리어 디테일을 챙기는 것은 오직 건축주의 몫이다.

완공 후에야 건축주는 윤활유와 같은 존재가 되어야 하는구나, 느꼈다. 건축가, 시공사 그리고 각 단계별 시공팀들 간 이견이 생길 경우 각각의 의견을 취합하고 조율하는 역할을 해야 한다. 현장소장이 있고 건축가가 있는데 왜 건축주가 힘들게 그런 것을 도맡나 하는 회의는 접어두자. 이유는 단 하나다. 집에 살 사람에게 최종 결정권이 있고 그가 바로 건축주이기 때문이다.

p.141

아내: 집짓기의 8할, 아니 9할은 '기다림'이다. 혹한으로 땅을 파는 날짜가 며칠씩 미뤄지고, 더 적합한 제품을 구하기 위해 하염없이 작업이 중단됐다. 가장 속을 썩였던 부분은 역시 독특한 외장 시공. 짙은 다홍색 칼라 강판을 구하기란 모래사장에서 사금파리 찾기와 비슷하다. 흔하디흔한 칼라 강판일진대, 죄다 무채색이다. 급기야 수소문한 곳에선 대금을 선지불해야만 발주가 가능하다 하여 대금 전체를 송금했는데, 웬걸. 무려 한달 반 동안 기다려야 했다. 달포면 남들 집 한 채를 다 짓는 시간인데 우리집은 허여멀건한 방수지를 붙인 채 그 오랜 시간을 기다려야 했으니 속은 또 오죽 끓였을까. 대금까지 다 지불한 터에 회사가 잘못되기라도 하면 어쩌나, 제품이 왔는데 막상 색상이 약속한 것과 다르면 어쩌나 하루하루 노심초사였다. 다행히 제품은 이상 없이 도착했으나 기다림은 이어졌다. 이번엔 시공. 숙련된 기술팀의 손길이었음에도 일일이 각을 접어 돌려 붙이는 디자인은 여타의 강판 시공에 비해 몇 배의 노동시간을 요했다. 작업하는 분들에게 미안하기도 하고 고맙기도 했다. 비로소 인테리어 공사까지 당도하자, 그저 안도의 한숨만 나왔다. 이때쯤에는 이제 제법 건축주 티가 나, 그간 꿈꿔왔던 인테리어 요소를 꼼꼼히 챙기는 기쁨을 만끽할 수 있었다. 예를 들면, 천정까지 이어진 슬라이딩 도어들, 자작의 나뭇결이 깊게 느껴지는 하얀 욕실 문, 세면대, 소소한 액세서리 위치, 조명의 위치 등등…. 현장에서 오래 머물며 일일이 체크한 덕에 다행히 인테리어는 내 맘에 꼭 들게 마무리된 부분들이 많다. 더불어 건축가 문훈 소장의 제안으로

인테리어는 비용 대비 거의 완벽한 디테일을 얻게 되었다. 마이너스 몰딩, 건축가가 직접 현장 감리를 하며 챙긴 난간 또한 마음에 꼭 든다. 식구들의 키만큼 구멍을 뚫어 디자인한 현관의 중문은 결정적 매력포인트가 되었다. 집을 짓다보면 내가 보는 도면과 시공하는 작업자들이 해석하는 도면이 자주 엇갈린다. 공사 현장은 늘 시간이 지체되는 터라, 작업자들은 신속한 쪽으로 해석을 하는 경우가 흔하다. 어쩔 수 없는 부분이라 이해가 되면서도 건축주의 입장에서는 섭섭하기도 하다. 거실 한복판에 원하지 않는 콘센트가 볼품없이 박혀 있거나 예쁜 조명등 옆에 필요도 없는 할로겐등이 얼기설기 달릴 수도 있고, 원하지 않는 곳에 배수관이 설치될 수도 있으며 꼭 필요한 전선이 벽으로 매립되어버릴 수도 있다. 그러니 가능한 오래 현장에 머물기를 권한다.

p.143

남편의 만족 or 아내의 행복

남편: 2011년 6월 5일, 땅을 얻은 후로 7개월이 지났다. 우리집은 별명도 많다. 롤리팝하우스, 우주선, 달팽이집…. '여기 사람이 사나?' 하는 분도 있다. 겉으로 보기에 호불호가 나뉠 수 있겠지만 어쨌든 우리 가족의 몸에는 꼭 맞는, 그야말로 안성맞춤이다. 요사이는 아침저녁으로 조증이다. 그러고 보니, 시공할 때 조울증은 완공과 함께 조증이 된다. 급격한 조울증에 대한 완벽한 치료약은 '무사 완공'인 것이다!

아내: 층고가 높아 집이 몹시 추울 거라고 걱정하는 시선이 많다. 춥다, 덥다를 어떤 기준으로 나눠야 할지 애매하지만, 일단 그간 살았던 아파트들보다는 훨씬 따뜻하다. 낮에는 천창으로 빛이 그득 들어 집안 곳곳이 아늑하고 목조주택의 특기가 발휘되는지 밤이 되어도 온도가 그리

p.145

쉽게 내려앉지 않는다. 게다가 거실 소파에 누워 천창을 보는 재미는 아, 정말…, 뭐라 표현이 안 된다. 우리는 아무 계단에나 앉아서 책을 읽고 서로 다른 층에 앉아서도 어렵지 않게 대화를 한다. 애초에 굉장히 가변적인 공간으로 설계된 터라, 훗날 가벽을 세워 방을 더 만들 수도 있고, 서재로 만든 지하가 놀이방이 될 수도 있다. 중정을 통해 모든 공간이 연결되어 가족이 독립적이면서도 가깝다. 분명 바닥 면적이 14평 남짓이건만, 답답함을 느낄 수 없다. 공간감은 '넓이'가 아니라 '부피'라는 건축가의 말이 역시 옳았다. 아! 예비건축주들에게 꼭 들려주고 싶은 정보는, 가능하다면 설계 계약을 분리해서 진행하지 말라고 권하고 싶다. 엄청나게 큰 대규모 공사가 아니라면, 한 건축가가 기본 설계와 실시 설계를 모두 진행하는 것이 맞다. 분리될 경우, 설계가 조금만 변경이 되도 상황이 복잡해지고 건축주의 의견과 애초의 디자인 느낌을 살리기 어렵다. 무사히 용인 구성지구에 입성하자, 나에게 참 놀라운 일이 벌어졌다. 그간 이웃들에게 치여 불안했던 마음이 완전히 녹아내려 입주 몇 주 만에 청덕동 이웃들과 절친이 되었다. 마치 운명처럼…. 사실, 지나고 나니 모든 고비가 추억이 되었다. 무모한 도전을 일으킨 한 권의 책, 문훈 소장님, 문병호 대표님, 고민 없이 자기 집을 임시 거처로 내주신 우리 이웃…. 이 모든 기억이 새록새록 떠오른다. 집 짓는다고 분주한 엄마, 아빠를 오히려 안아주던 딸 수민이가 이 집에서 지금처럼 눈부시게 자라줬으면 좋겠다. 집에 들어오니, 물 한잔을 마시는 순간조차 '정말 좋다'를 연발하게 된다. 이 즐거움은 몸으로 전해지고 다시 마음으로 확장된다. 우리는 건축가에게 "재밌는 집을 설계해달라"고 청하며 "그 집에 걸맞는 건축주가 되겠다"고 약속했다. 이 집에서 오래 행복한 것이 우리의 약속을 지키는 길이리라.

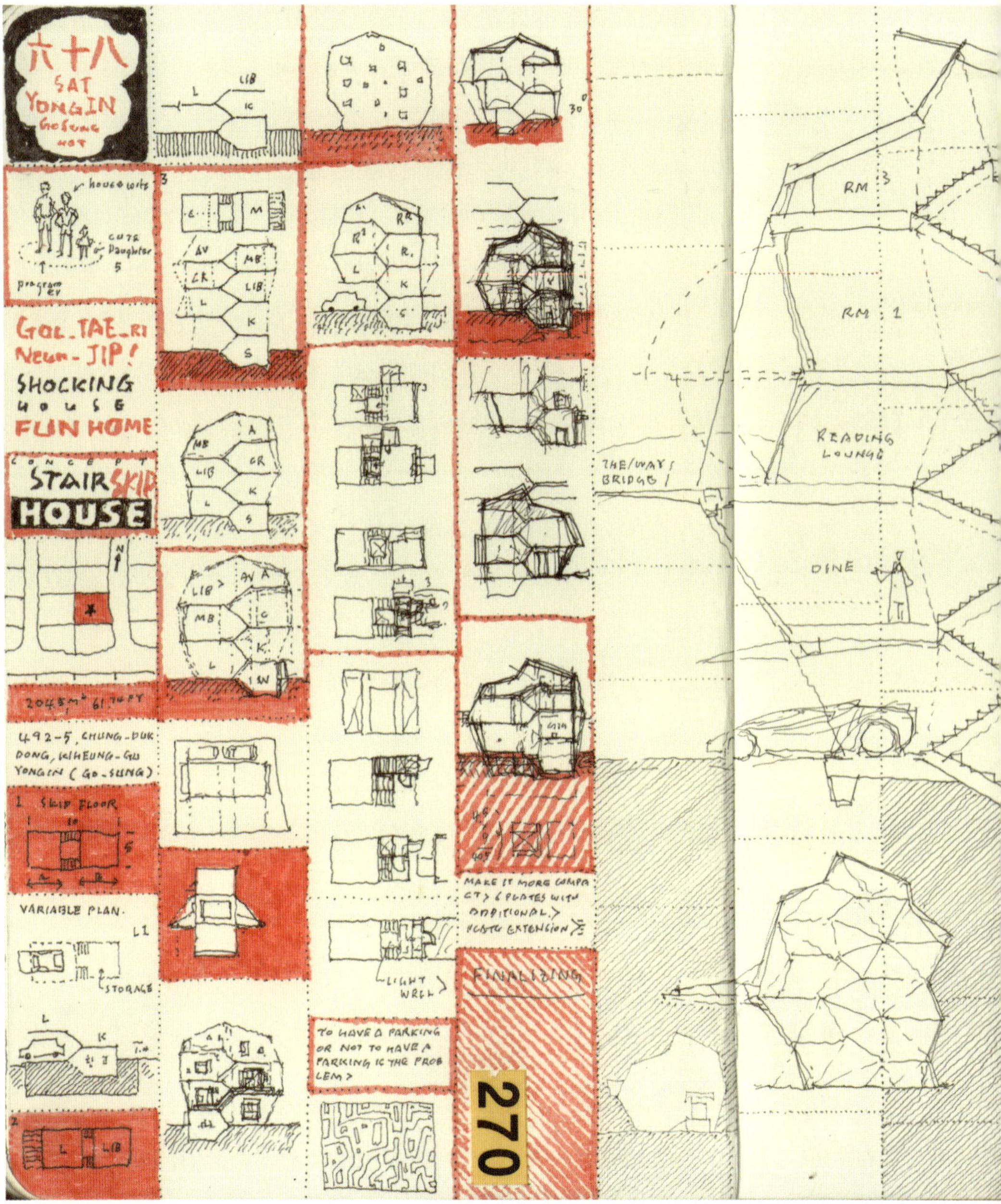

六十八
SAT
YONGIN
GO-SUNG
HOT
LIB
L
K
house wife
cute Daughter
5
program
GOL_TAE_RI
Neun-JIP!
SHOCKING
HOUSE
FUN HOME
CONCEPT
STAIR SKIP
HOUSE
492-5, CHUNG-DUK
DONG, KIHEUNG-GU
YONGIN (GO-SUNG)
1 SKIP FLOOR
VARIABLE PLAN.
STORAGE
L
K
LIB
MB
GR
S
A
R
LIGHT WELL
TO HAVE A PARKING
OR NOT TO HAVE A
PARKING IS THE PROB
LEM >
MAKE IT MORE COMPA
CT > 6 PLATES WITH
ADDITIONAL >
FINALIZING
270
RM 3
RM 1
READING
LOUNGE
THE/WAYS
BRIDGE /
DINE

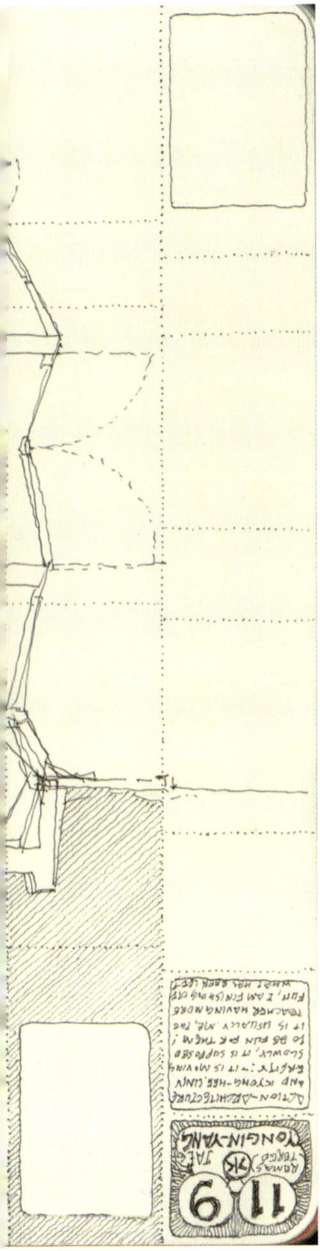

건축가가 평면도를 그리기 전에 구상했던 우리집 설계 스케치. 문훈 건축가는 건축가로서뿐만 아니라 다양한 예술 작업들로 유명하다. 그의 '노트'는 다른 편집없이 그대로 화보집이 될 만큼 굉장히 섬세하다.

© 남궁선

단독주택에서 흔히 쓰지 않는 빨간색, 회색 징크가 소용돌이치듯 맞물린 외장의 모습에서 이 집의 이름 '롤리팝하우스'가 지어졌다. 마치 거대한 롤리팝 사탕 같다.

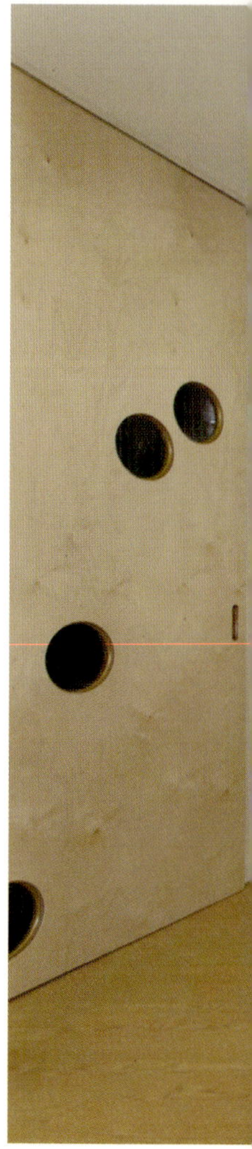

빈 땅에는 주변에서 경작을 하기 마련이다. 미리 공지하지 않으면 작물값을 물어야 할지 모른다. 기초공사를 마치기 전에 설비 및 전기 시설들의 위치를 반드시 확인한다. 지하의 경우, 막상 우리도 지하 공간을 어떻게 활용해야 최선인지 정말 오래 고민했다. 공사비나 하자 등을 고려해야 하기 때문에 다른 어떤 공간보다 주의를 기울여야 한다. 골조공사에서는 창문, 문, 계단실의 위치와 크기가 가장 중요하다. 법적으로 문제가 없는지, 실시 설계와 완벽하게 일치하는지 확인한다. 내외장 공사와 마무리의 디테일은 건축주의 몫이다.

집이 전체적으로 스킵플로어 형태라서 공간이 절반씩 걸쳐져 있는 느낌이다. 1층을 넓게 거실로, 반층 아래는 서재로, 반층 위를 부엌겸 식당으로 정했다.

우리집의 포인트는 계단. 풍성한
부피감을 주고 빛을 고루고루
스미게 해준다.

© 남궁선

© 남궁선

부엌겸 식당

1

2

3

4

1 1층 거실과 2층 안방.

2, 3 5층 아이방.

4 실을 구분하는 미닫이문들을 마이너스 몰딩 처리해 깔끔하게 디테일을 살렸다.

07

청원 오창
셋째 아이 낳기

평당 단가는 집을 다 짓고 나서 총액으로 환산을 하는 셈일 뿐이다. 1~2평 는다고 실제 건축비가 비례해서 올라가지는 않는다. 오히려 너무 좁으면 비용이 높아질 수도 있다.

건축주	강원표, 이수정
가족 구성	부부 + 자녀2
건축가	김주원
시공사	위드하우징
대지면적	459.70㎡ (약 39.3평)
건축면적	64.55㎡ (약 28.65평)
연면적	165.56㎡ (약 50.16평)
구조	2층 / 목조
설계 기간	3.5개월
시공 기간	2개월
설계비	2,300만 원
전체 시공비	2억 3,000만 원 (토목, 조경 포함 / 각종 인입비 제외)

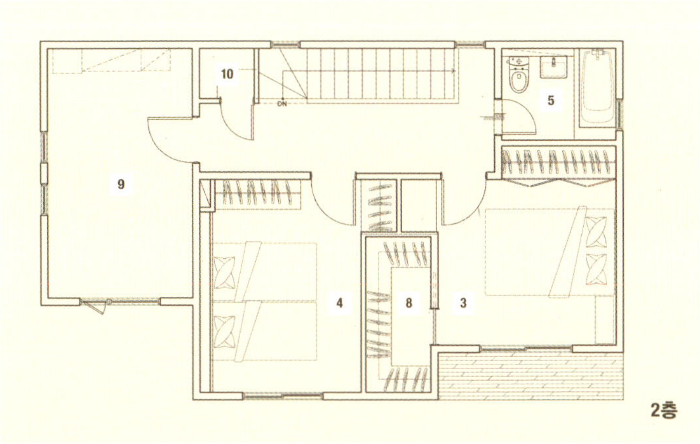

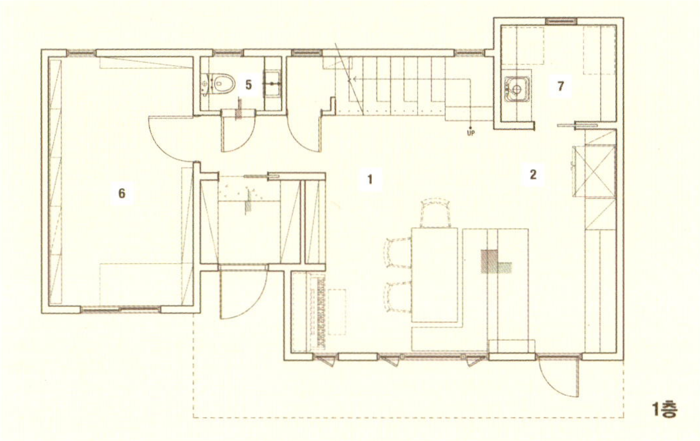

1. 거실
2. 부엌
3. 안방
4. 아이방
5. 화장실
6. 서재
7. 다용도실
8. 드레스룸
9. AV룸
10. 창고

니가 단디 미쳤구나

남편: 독일의 한 과학자가 이런 말을 했다고 한다. "모두가 비슷한 생각을 한다는 것은, 아무도 생각을 안 하는 것과 같다." 언제부터인가 삶의 목표들이 모두 비슷해진 것 같다. 좋은 직장(일의 만족보다 월급을 많이 주는), 좋은 차(실용성보다 폼 나는), 착한 아이들(인성보다는 공부 잘하는), 좋은 집(이웃과 동네보다는 더 넓고 비싼 아파트)과 같은 것들이다. 하지만 생활에 매몰되어 삶이 재미없어질 때 한번쯤은 변화의 기회가 오기 마련이다. 나에게도 그랬다. 전날 밤 아내의 흥분된 목소리가 아직도 생생했다.
"우리도 집짓자!!"
"뜬금없이 뭔 소리야?"
방송을 보다가 한눈에 반한 것이다. 검색어로 살펴보니 꽤 많은 반향을 일으킨 모양이었다. 언뜻 재미있어 보였지만, 엄두를 내기 쉬워 보이지는 않았다. 내 나이 또래의 직장인들이 대체로 그렇듯, 나 또한 전세금 외에 모아놓은 여윳돈도 땅도 없었다. 어디에 지을지도 문제였다. 나는 지방으로의 전출이 잦았기 때문에 어디든 결정하기가 어려운 상황이었다.

아내: 처음에 집을 짓는다 했을 때 주변의 표정은 실로 다양했다. 진실로 나를 아끼는 사람들은 단독주택은 '짐'이라고 여기는 편이었다. 나를 향한 진심어린 걱정이란 주로, 주말부부에 워킹맘이 손많이 가는 단독주택을 어떻게 관리할 것이며, 아이들이 어릴 때는 비슷비슷한 환경에 놓인 엄마들끼리 의지하면서 살아가는 아파트가 좋다는 것, 급기야 둘째 언니는 "니 미쳤나! 주말 부부에, 일하면서 어떻게 집 관리까지 한다꼬……! 단디 미쳤다!" 고함을 치며 결사반대 투쟁에 나섰다.
그럼에도 불구하고 나는 일을 저질렀다. 결심할 당시 우리 부부에게는 몇 가지 간절한 소망이 있었다. '학령기에 접어드는 아이가 정착할 곳을 찾고

싶었고, 아이가 이제는 그만 아프기를 바랐고, 교육적으로 안정된 환경에 살았으면 좋겠다'는 것이었다. 말하자면, 대한민국의 부모라면 누구나 가지고 있는 지극히 평범하고 간절한 소망이 우리 부부의 마음의 문을 두드리기 시작한 것이다. 그리고 난 워킹맘이다. 우리나라에서 워킹맘이 단독주택에서 아이들을 키우기란 정말 미친 짓일까? 나와 같은 입장의 예비건축주라면 이 의문을 따라 글을 읽어 내려가시길….

억수같이 퍼붓던 비, 한없이 가라앉던 마음

남편: 하늘에서 억수같이 비가 쏟아졌다. 건축가와 상담을 약속한 날, 차를 몰고 나가도 될까 싶을 정도였다. 가는 내내 우리는 우려반 기대반으로 마음이 신산스러웠다. 건축가와의 상담이 뜻 깊었다는 건축주들도 많은데, 솔직히 우리는 그렇지 못했다. 그즈음 방송으로 엄청나게 바빠진 건축가는 상담에 전력을 기울일 처지가 아닌 듯했다. 건축사무소에 도착한 지 1시간 만에 사인을 하긴 했지만 아쉽고 불안한 마음이 컸다. 상황은 이러했다. 방송으로 유명세를 탄 건축사무소와 사인을 하되, 실제 설계는 다른 건축가가 진행한다는 것. 뭐가 뭔지 처음엔 납득하기 어려웠다. 땅 계약을 해지해버릴까? 마음이 어수선하다.

아내: 어쩌면 다행인가 싶기도 했다. 너무 바쁘면 그만큼 신경을 못 써줄 테니, 좀더 집중해줄 수 있는 건축가와 작업하기로 결정했다. 남편의 불안함을 내가 가라앉혀야 했기에, 일단 믿고 가보자 설득했다. 오창 IC 부근 과학단지 내 택지도 마음에 들고, 아이들과 내가 정착하기에 동네의 분위기가 괜찮았다. 어차피 전세가 너무 올라 어떤 쪽으로든 결정을 해야 했기에 나는 마음을 바투 잡았다.

첫 번째 시련, 꿈을 다이어트하기

남편: 에이닷 김주원 소장과 우리는 집터에서 만나 첫 상담을 진행했다. 집에 대한 단상, 기대하는 생활, 그리고 필요한 공간들, 며칠 밤낮을 새워 그린 도면들을 건축가에게 미리 보내놓은 터였다. 그런데 딱 하나 꺼내지 않은 이야기가 있었으니, 바로 우리의 담백한(?) 재정 상황이었다. 얼추 비용을 듣자마자 칼 같은 건축가의 답, "그렇게 지으시려면 어림도 없어요!" 결국 방법은 자금 확보 아니면 다이어트였다. 그때부터 슬슬 인정사정없는 다이어트가 시작됐다. 거실 줄이고, 방 줄이고, 다용도실 줄이고, 주변 토목공사도 최대한 지형을 이용하는 것으로 조정! 관건은 우리의 결심이었다. 어디까지 대출을 감당할 것인가, 어디까지 공간을 줄일 것인가, 무엇을 희생해야 좀더 나은 결과를 얻을 수 있나. 한뼘 한뼘을 깎을 때마다 평면도가 생명체라도 되는 양 마음이 쓰리고 속이 상했다.

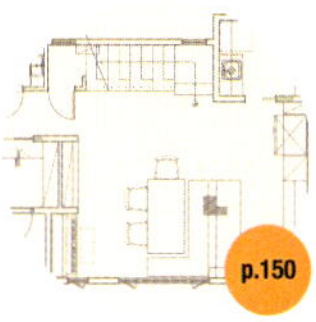
p.150

아내: 나는 결단과 포기가 빠른 편이다. 남편이 섬세하다면 나는 추진력이 강한 쪽이랄까. 일단 집의 주제를 정해야 했다. '작고 따뜻한 집!' 사실 설계를 위해 각종 정보를 그러모으고 연신 도서관을 뒤졌는데, 얼마간의 성과는 있었다. 여러 책들을 통해 집의 외부와 내부의 분위기에 대해 대략 마음을 정할 수 있게 된 것이다. "모던과 내추럴 모던." 일단 치장을 덜어내고 자연의 자재와 색상 위주로 선택한다. 정갈하게 공간을 구분하고, 수납은 크지 않게 적당한 사이즈로 나누자. 허리가 아픈 나를 위해 세탁실에 꼭 씽크볼을 마련하자. 전공 서적이 많은 남편을 위해 서재를 마련하자. 알레르기로 고생하는 아이들의 방에서 책을 빼내자. 거의 전원을 켜지 않는 텔레비전은 거실에서 아웃! 어릴 때 꿈이었던 '서점주인' 한번 돼보자. 거실은 북카페로 결정. 남편은 주말에나 함께하고 나는 평일에 일을 하니 아이와 놀이할 시간이 늘 부족하다. 부엌에서 일할 때도 아이와 함께할 수 있다면 얼마나

p.163

좋을까? 부엌 설계에 관해서 건축가와 정말 오랜 시간 대화했다.

두 번째 시련, 시공 과정은 하루하루 선택이다

남편: 긴 말총머리에 두건을 두른 경상도 사나이 목수님은 우릴 만나자마자 다그쳤다. "이 설계대로 집 지으면 큰일 납니다." 그러면서 친절하게 하나하나 짚어주었다. 목조주택의 구조적인 한계로 내부 기둥과 보의 일부를 수정해야 한다, 기초를 더 높여야 한다 등등. 설명을 들으니 수긍할 수밖에 없는 내용이었다. 실시 도면상에 드러난 문제점들에 대해 건축사무소에 알리고, 변경에 문제가 없는지 협의했다. 첫 삽을 뜬 날부터 설계 변경이 시작된 셈인데 그때만 해도 짓기 전에 발견해서 다행이라고 위안하고 넘겼지만 이것이 시작에 불과했다는 사실을 알기까지 그리 오래 걸리지 않았다. 기초를 높이니 마당도 같이 높아져야 했고, 그로 인해 조경비와 토사비가 예산을 훨씬 빗나갔다. 집 입구 한켠에 자리한 주차장까지 높일 수가 없으니 집과 바닥면 차이가 더욱 커졌고 결국엔 집과 연결되어 있던 주차장 지붕을 내려야 했다. 계단에 걸리는 유리창 위치 변경, 눈이 쌓이는 것을 막기 위한 지붕 경사면 각도 조정, 가구가 들어갈 수 있도록 방문 확대 등 크고 작은 변경들이 이어졌다. 건축가마다 작업하는 스타일이 많이 다르기 때문에 건축가와의 인연이 무엇보다 중요하다는 것을 그때서야 알았다. 예비건축주라면 꼭 유념하길 바란다. 평당 단가는 집을 다 짓고 나서 총액으로 환산을 하는 셈일 뿐이다. 1~2평 는다고 실제 건축비가 비례해서 올라가지는 않는다. 오히려 너무 좁으면 비용이 높아질 수도 있다. 결론적으로 셈하는 평 단가에서 큰 비중을 차지하는 요소는 대체로 내부 인테리어다. 붙박이 가구, 창호 시스템, 부엌과 욕실 기구들 등에서 엄청난 차이가 난다. 기초와 골조 등 구조체를 만드는 데 드는 비용은 인테리어에

비하면 상당히 합리적인 비용이다. 이것을 알고 나니, 금액을 낮추기 위해 조금이라도 평수를 줄이고자 아등바등 애썼던 것이 너무나도 후회스러웠다.

아내: 현장과 직장의 거리는 1시간 남짓, 아직은 어린 두 아이, 전세 만기에 맞춰 진행되는 급박한 공사 현장. 집 짓는 동안 나는 등짝에 날개가 달린 듯 나풀거리며 동분서주 날아다녔다. 언제나 짜잔~하고 나타나는 나를 가리켜 작업팀은 "현장소장"이라고 불러주었다. 얼떨결에 완장을 찬 나는, 그 즈음 정말 '소통의 달인'이 된 것처럼 끝없이 질문하고 토론했다.

세 번째 시련, 하자와 보수 점검

p.161

남편: 드디어 내외부가 완성되었지만 세세한 마무리를 끝내지 못한 채 어쩔 수 없이 '간이 이사'를 감행했다. 겉보기에 다 지어졌어도 그때부터 한 달이 넘게 걸린다고 해도 과언이 아니다. 공기가 촉박해 동시에 전기, 내부 인테리어, 도장, 타일 작업팀들이 도착, 현장을 완전히 파악하기도 전에 작업을 서둘렀다. 그러니 잦은 실수가 생길밖에. 타일 공사 중엔 변기가 깨졌고, 베란다 난간의 단조 치수가 어긋나 몇 번씩 다시 제작, 전기 공사를 시작하자마자 준비 부족으로 중단 등등. 여러 현장에서 작업팀이 분주하게 바톤터치를 해야 하니 작업자들의 노고도 이해 못할 바는 아니었다. 사소하지만 여러 군데 바로 잡아야 하는 공사들도 눈에 띄었다. 그때그때 꼼꼼히 메모해 오래 지체하지 않고 보수와 점검을 요구해야 시공사 입장에서도 편하다. 시공사에서 완전히 철수한 뒤에는 일부러 보수를 하기 위해 시간을 맞추기가 쉽지 않다. 창틀에 생기는 약간의 결로, 도배 접합 부분 들림, 실리콘 작업 부분의 크랙 등. 입주하자마자 건축주가 직접 수리하기에는 어려운 미비점들은 시공사에 요청해 재작업을 진행했다.

한 가지 또 주의할 점은, 건축주의 마음처럼 이 모든 사항이 한번에 확, 시원하게 완료되지 않는다는 것! 작업자마다 할 수 있는 부분이 따로 있기 때문에 모든 보수사항들이 한번 출장으로 해결되지는 않는다. 각종 매체를 통해 집 지은 사람들의 행복한 이야기만 듣다가 막상 직접 시작하면 서류상의 지연, 설계 변경, 하자, 보수 등의 시련을 경험하게 될 것이다. 예비건축주라면 화려한 외장재에 치중하기보다 각 단계마다 부딪힐 수 있는 어려움을 모두 잘 견뎌낼 마음의 각오를 다져야 한다. 어쩌면 집짓기에 완료란 없는지도 모른다. 상황에 맞닥뜨리면 화를 내기보다 독려하고, 놓치지 않도록 챙기는 것은 오직 건축주의 역량이다.

아내: 결과적으로, 예산은 거의 두 배가 되었다. 애초에 자금 계획이 서툴렀다. 시공비만이 아니라 토목비, 각종 세금, 기타 인입비 등의 제경비에 비중을 높여야 했다. 집짓기를 꿈꾼다면, 설계와 디자인, 인테리어와 소품 등을 고민하는 것도 중요하겠지만, 그보다 '정확한 자금 계획'에 무게 중심을 싣기 바란다. 정확한 자금 계획은 정확한 '공사 내역서'를 이해하도록 만들 것이고, 그래야 설계도 정확해지고 시공사와 커뮤니케이션도 빨라진다. 기껏 설계 다 해놓고 예산 때문에 조금씩 수정하다보면 마음이 허물어지기 쉽다.

시련 뒤에 따라오는 안도와 평화

남편: 이상과 현실의 차이. 모든 세상살이가 그렇겠지만, 집짓기에도 분명 이상이 있고 현실이 존재한다. 얼마나 많은 이들이 자신만의 단독주택을 꿈꿀까. 솔직히 우리는 그리 오랜 준비를 거치지 못했다. 몇 년간 준비하는 건축주들에 비하면 정말 아무것도 모르고 시작한 것과 다름없다. 어쩌면 모르니 용감하게 도전할 수 있었을지도…. 우선, 집이 지어지는 과정에서는

p.161

건축가, 시공사에 요구할 수 있는 것과 요구 가능한 것이 무엇인지 현명하게 구분할 수 있어야 한다. 분양공고를 보고 아파트를 샀을 때와 비교하면 큰 오산이다. 그러니 "내가 구매자이고 상대는 생산자"라는 생각을 버리길 바란다. 관리사무소에 가서 바퀴벌레 약까지 받아서 쓰는 아파트 생활에 오래 길들여져 있다면 차분히 준비 기간을 갖고 시작하라 권하고 싶다. 우리 부부는 그렇게 분주하게 3개월 보냈다. 사실은, 지금도 분주하다. 텃밭을 가꾸고 잔디에서 뛰어놀고, 이것저것 만들어달라는 아이들의 성화도 따갑다. 너무 불평만 한 것 아니냐는 아내의 염려도 있지만, 무엇보다 솔직함이 예비건축주들에게 절실할 거라고 생각한다. 그래서 지금은 어떠냐고 누가 좀 물어봐줬으면 좋겠다. 지금은 어떠냐고요?
지금, 우리는 평화롭다.

아내: 그토록이나 열심히 날아다녔는데도 짧은 한숨이 터질 때가 있다. 생뚱맞은 위치에 놓인 콘센트, 지저분한 인터넷 선들, 조금 더 컸더라면 아쉬운 서재…. 다시 짓는다면 정말 최고로 멋진 집을 지을 수 있을 것 같다. 그런데 신기하게도, 하나하나 점검하고 고쳐나갈 때마다 점점 고수가 되어가는 것 같다. 이제 웬만한 연장은 뚝딱뚝딱 잘 다룬다. 집 도사가 다 됐다. 아! 우리집 이름은 "셋째"이다. 애 낳을 때와 똑같이 힘들고 고통스럽지만 그 기적 같은 기쁨은 이루 말할 수 없다는 뜻이다.
또 하나 달라진 점은, 아이들이 이전보다 훨씬 엄마 손을 덜 필요로 한다는 것. 두 아이는 조금만 날씨가 풀려도 어느새 마당에 나가 저희끼리 뛰놀고 흙을 만진다. 얼마 전, 함박눈이 내리던 날 아이들과 눈사람을 만들었다.
"다연아! 눈사람 만들어본 적 있어?"
"아니, 엄마. 그래도 책에서는 많이 봤어."

문득, 세 살배기 둘째 딸아이에게 더 늦기 전에 이 마당을 선물해줄 수 있어 다행이라는 생각이 들었다. 이제는 마당 곳곳에 심은 나무에게 물을 주려고 조리개를 들고 뛰어다니며 "건강하게 자라라"고 나무와 이야기할 줄도 안다. 마당에 내려앉은 까치 가족을 발견하고는 행여 날아갈까 조심조심 지켜보기도 한다. 조금씩 단독주택에서 살아가는 방법을 깨우치는 엄마와 아빠처럼 아이들도 이 집에서 자연을 깨달아간다. 다시 첫 질문으로 돌아가볼까? "워킹맘으로 살면서 단독주택에 사는 게 미친 짓일까?" "아이다, 언니야. 고마 딱 좋다 안 하나…."

텃밭과 꽃밭을 가꾸며
단독주택의 마당 생활을
즐기는 아이들

집터가 제법 넓었지만 건축면적을
좁히고 마당을 넓게 설계했다.
여름이 다가오자 아이들은 이제
완전히 마당을 점령했다.

땅을 정확하게 분석하지 않은 채 기본설계를 진행해 큰 어려움을 겪었다. 경사가 심하고 대지가 높아 토목공사에 추가 비용이 상상 이상으로 들기도 했거니와 여러 부분의 설계를 변경해야 했다. 설계에 앞서 동네와 땅을 정확하게 분석파고 파악하는 것이 우선이다.

1층 거실은 내 오랜 꿈을
실현하기 위해 '북카페' 스타일로
꾸몄다.

부엌은 대면식 조리대로, 식탁과 마주본다. 어린 두 아이들을 돌보며 안심하고 요리할 수 있다. 냉장고 옆으로 난 작은 문은 다용도실로, 기타 식자재 수납과 세탁실, 씽크볼을 겸했다.

1 1층에 꾸민 남편의 서재는 예산 때문에 공간을 너무 줄였다는 점이 두고두고 아쉽다.

2, 3 2층 작은 방과 아이들방

2층 안방

1 11자형 부엌은 정말로 편리하다.

2 1층엔 아주 작은 화장실을 두고, 2층에 제법 넓은 욕실겸 화장실을 두었다.

2 우리집에서 가장 마음에 드는 곳은 계단이다.

디자인에 리듬감을 주고 원목으로
안전과 자연스러움을 더했다.
열린 난간은 안전하면서도 시선을
자유롭게 해준다.

08 부천 범박동
부모님과 이웃되다

비슷한 금액으로 25평 아파트와 단독주택 가운데 선택하라면 어느 쪽을 고를까? 사람마다 차이가 있겠지만, 도심 좋아하고 아파트 편하다고 생각하는 나조차 단독주택 쪽을 고를 것 같다.

건축주	이호용, 이재훈
가족 구성	A동(장인, 장모, 처남), B동(부부 + 자녀 1)
건축가	문훈(문훈발전소)
시공사	하우징플러스
대지면적	194.4㎡ (59평)
건축면적	87.51㎡ (26.52평)
연면적	169.67㎡ (51.41평) A동 84.89㎡, B동 84.88㎡
구조	2층+다락 / 목조(땅콩집)
설계 기간	6개월
시공 기간	3개월
설계비	2,200만 원
전체 시공비	2억 5,200만 원 (땅콩집 전체)

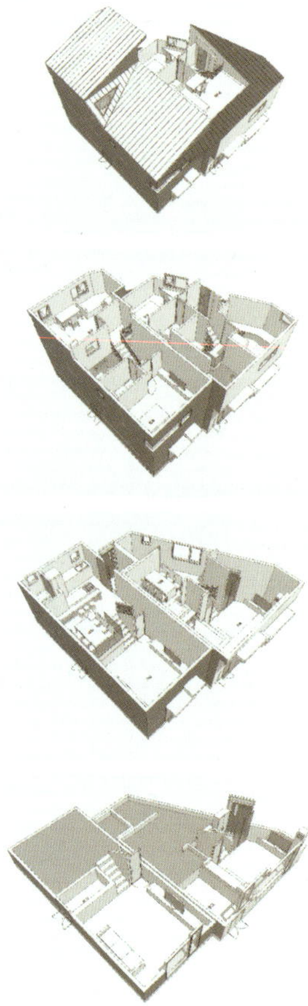

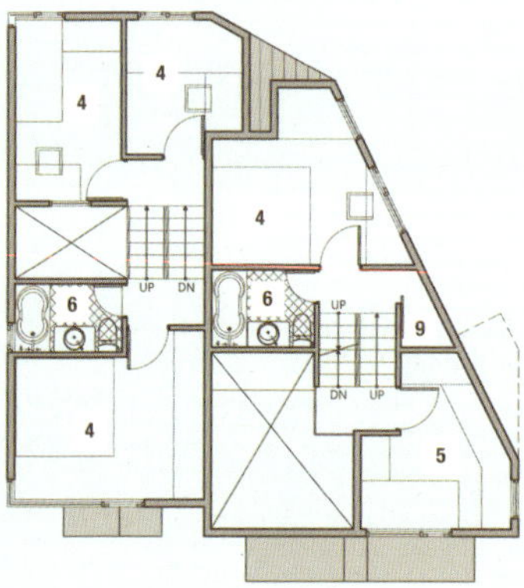

3층 / 4층

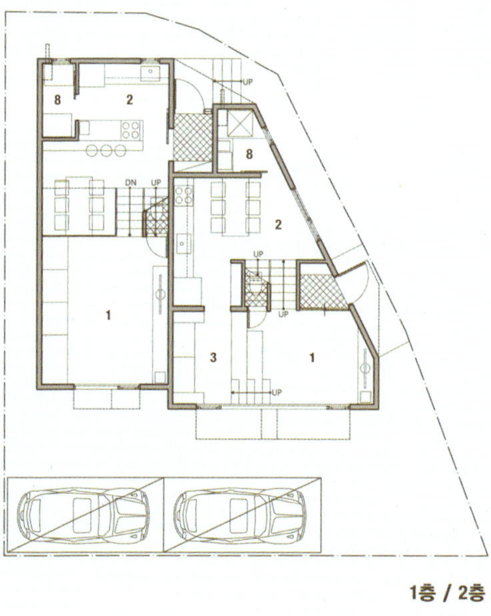

1층 / 2층

1. 거실
2. 부엌
3. 북카페
4. 방
5. 아이방
6. 화장실
7. 드레스룸
8. 다용도실
9. 창고

전세대란에 대처한 우리 가족의 자세

결혼 초부터, 아니 그보다 훨씬 전부터 남편은 자기가 집을 설계하고 직접 집을 짓겠다고 했다. 그에 대한 나의 반응은 냉담. "그래, 그러시던가…." 평소에도 워낙 하고 싶은 게 많은 천성인데다 어느 천 년에 돈을 모을 것이며, 또 서울 변두리 아파트 전세 사는 처지에 내집 마련을 넘어선 집짓기라니, 가당치도 않지! 그런데 남편의 관심이 쉽게 수그러들지 않는다. 서서히 나도 그의 공상에 합류하게 됐다. 어? 그래, 이런 집이라면 가능하겠구나!

이것이 우리 집짓기의 시작이었다.

2011년, 뉴스에선 연일 전세 대란으로 시끄러웠다. 전세금 1억 4,000만 원 아파트에 살고 있던 우리도 슬슬 걱정이 밀려왔는데, 갓 딸아이를 출산한 터라 더욱 간절해졌다. 어느덧 우리 부부의 관심거리는 자연스레 내집 마련이 돼버렸다. 인터넷으로 열심히 주변 아파트 시세를 알아보기 시작했다. 하지만 역시나! 아무리 대출을 받는다 하더라도 우리가 가진 밑천으로 서울에서 내집 마련하기란 까마득했다. 그 사이 남편의 집짓기 작전은 이미 시작됐다. 어느 날, 컴퓨터 바탕화면에 즐겨찾기 사이트가 하나 추가됐고, 며칠 후에는 집으로 책 한 권이 주문됐다.

"뭐야 이건? 난 집 지을 생각 없다니까!"

그렇게 정확히 10개월이 지났다. 어떻게 됐냐고?

이사한 지 3주 됐다. 그리고 이렇게 집짓기에 관한 글도 쓰고 있다.

우리 부부는 날마다 낯선 여행지에 온 설렘으로 잠자리에 든다. 1년 전까지만 해도 상상도 하지 못했던 일상이 우리 앞에 펼쳐진 것이다. 낮에는 따뜻한 햇살로 집안 가득 온기가 넘치고, 우리 가족만의 마당이 있고, 내 아이를 세상 누구보다 사랑해주는 부모님을 든든한 이웃으로 두었다. 지금 우리는 이렇게 산다.

김칫국 들이켜기

막연한 호기심이 정보수집으로, 그리고 꿈으로 이어져 가던 시점. 우리는 현실적인 차원으로 들어섰다. 바로 부동산 시세! 책을 보고 참고하게 된 '3억'이란 숫자에 관해 진지하게 셈해 보기로 했다. 일단 살고 있던 25평 아파트의 매매가가 3억 5,000만 원. 서울 강남이나 도심도 아니었는데 이 정도 가격이니, 일단 서울 어디를 가도 이보다 더 싼 곳을 구하기란 어려웠을 것이다. 비슷한 금액으로 25평 아파트와 단독주택 가운데 선택하라면 어느 쪽을 고를까? 사람마다 차이가 있겠지만, 도심 좋아하고 아파트 편하다고 생각하는 나조차 단독주택 쪽을 고를 것 같다.

그럼 어디에? 맞벌이 부부였기에 출퇴근 가능한 지역에서 마땅한 택지를 찾아야 했다. 게다가 이제 아이가 있으므로 부근에 유해 시설이 있거나 공기가 나쁜 곳은 필히 피해야 한다. 우리는 머리를 맞대고 지도를 팠다. 서울 경계를 그려놓고 직장을 체크한 다음 거리를 재보기 수십 차례. 서울 경계를 살짝 넘어 가능한 곳으로 '부천'이 떠올랐다.

그런데 웬일인가! 세심한 남편, 능글맞게 피식 웃는다.

"사실은 있지…. 내가 괜찮겠다 싶은 땅을 한 군데 봐둔 곳이 있다…."

마음속에 낙점해 놓고, 나를 설득하기보다 내가 먼저 땅부터 알아봐야 한다고 조바심치는 상황을 기다렸던 것이다. 아무튼 남편의 작전은 대박 성공이어서 나는 들뜬 마음이 되어 히든카드를 당장이라도 보고 싶어졌다.

p.187

"그게 어디야, 어딘데? 얼른 가서 나도 볼래."

"사실은 있지…. 우리집에서 가깝다…."

새색시도 아니고 이렇게 수줍게 말을 꺼내다니! 알고 보니 LH에서 수의계약 중에 있던 부천 범박동 택지지구였다. 우리는 날쌘돌이가 되어 차를 몰았다. 주변에 산책로와 녹지가 풍성하고, 1호선 역곡역에서 버스로 다섯 정거장 거리. 당장 주변에 편의시설은 아직 없지만 이 정도면 출퇴근하기에 무리가 없어 보인다.
"오호라 괜찮은 걸! 좋은 필지 다 팔려버리기 전에 서둘러야겠다!"
한번 마음이 동하니 점점 우리부부에게 내집 짓기는 꼭 실현해야 할 하나의 목표가 돼버렸다. 가급적이면 빠른 시일 내에, 반드시 이루리라. 매일밤 아이를 재우고 하루에도 수십 번 집짓기 카페에 드나들고, 먼저 올라가는 집들을 보며 정보를 수집했다. 동시에 우리도 나름 설계에 돌입했다. 마당은 어떻게 꾸밀지, 소율이 놀이 공간을 어디다 마련할지, 마당에는 무슨 나무를 심을지…. 밤마다 김칫국을 한 사발씩 들이켠 것 같다. 덕분에 우리 계획도 빛의 속도로 진행되었다.

예산 계획 – 이런 비용도 들어가?

초보 건축주가 예산 계획을 세우는 데는 어려움이 많다. 왜냐하면 언제, 어떤 비용이 얼마나 들어가는지 자세히 알 수가 없기 때문이다. 쉽게 예산을 세웠다가는 초기 예산보다 어마어마하게 플러스알파가 들게 마련. 결국 융자에 마이너스 통장까지 피해갈 수 없다. 그러니 맘 편한 집짓기를 위해서는 구체적인 예산 계획이 필수이다.
구체적인 예를 들어 보겠다. 일단 나는 그간 수집한 정보로 대략의 항목을 만들었다. "토지구입비, 설계비, 시공비, 조경, 토목공사비(옹벽), 등기비, 취득세, 대출 관련 비용." 여기까지는 누구나 쉽게 예상할 수 있는 비용이다. 하지만 이외에 추가되는 비용 항목이 무척 많은데 아래의 표를 보자. 집짓는 데 이런 비용도 들어가나 싶었던 항목 위주로 정리해봤다.

필요 시기	항목	금액
건축허가	등록면허세	27,000원
기초 공사 전	경계 측량	888,000원
기초 공사 시	수도 인입	888,800원
기초 공사 시	전기 인입	862,400원
상량식	목수팀 회식비	300,000원
방통 전	에어컨 배관 (배관 길이에 따라 상이)	300,000원
외장 완료 시	도시가스 인입 계약금	300,000원
내부 완료 전	도시가스 인입 잔금	2,900,000원
사용승인 신청 전	건물번호판 제작	18,000원
사용승인 신청 전	주차장 진입로 경계석 커팅 (경계석 수에 따라 상이)	150,000원
사용승인 신청 전	주차장 바닥 공사 (콘크리트 / 면적에 따라 상이)	600,000원
입주 시	이사 비용	1,400,000원
입주 후	가스레인지 연결	86,000원
입주 후	창문 블라인드	900,000원
입주 후	에어컨 설치	200,000원

(2012년 부천 범박지구, 2가구 합계)

위의 표도 아주 개괄적인 사항을 정리한 것이다. 집집마다 이보다 더 들 수도, 적게 들 수도 있겠지만 최소한 설계, 시공비 이외에 이 정도 이상의 비용을 생각해야 한다. 이사하면서 새로 구입한 가구와 가전제품 등은 포기하지 않았는데, 한두 종류의 가구조차 구입하지 않는 세대는 거의 없으니 이보다는 넉넉한 예산을 세우길 바란다. 또 가용 금액과 더불어 대출 상담도 꼼꼼하게 진행해야 한다. 은행마다 다르고, 또 토지를 담보로 하는 대출과 집을 지은 후 받을 수 있는 대출의 종류가 다르니, 각각 언제, 어떻게, 얼마만큼 적용받을 수 있는지 상담 받아야 한다.

파트너 찾기

우리 부부의 경우엔 최소한의 금액을 잡아야 하는 형편이라 파트너와 함께 한 필지에 두 동을 짓는 방법을 구상하고 있었다. 누구랑 함께 집을 지을 것인가…. 토지는 지분 등기해야 하고, 집 지을 때까지 수시로 들어가는 각종 비용을 1/2로 나눠야 하고, 집에 대한 생각은 물론, 지역, 자금 사정까지 맞아떨어지는 파트너를 구하기란 생각보다 훨씬 어려운 일이었다. 그렇게 우리의 집짓기 계획은 일단락되는 듯했다.

그러다 불거진 나의 복직 문제. 다시 맞벌이를 시작하자니 어린 딸아이를 맡길 곳이 여의치 않았다. 돌도 안 된 아기를 어디다 맡겨? 돌을 넘기고 직장 일을 시작한다 해도, 출퇴근 시간이 일정하지 않은 업종이었기에 간단하지 않았다. 많은 워킹맘들이 그렇듯, 나도 친정어머니께 신세를 져야 할까? 그렇다면 아예 인천 친정집 옆으로 이사를 가야 하나…. 그때 문득, 떠오른 생각! 친정집과 이웃으로 지으면 어떨까? 우리는 구체적인 계획과 예산안을 세운 뒤 부모님 설득하기에 들어갔다.

처음에는 반신반의 하셨던 부모님도 결국엔 한번 해보자는 결론.

이제 됐구나, 됐어! 그렇게 우리는 세상에서 가장 든든한 이웃을 찾았다.

예산에 맞춰 작게 더 작게

목주주택에 관한 책을 읽고, 인터넷으로 각종 정보를 습득하며 우리의 집짓기 계획은 점점 구체화됐다. 예산이 좀 빡빡한 감이 없진 않았지만 한 가구당 3억(+약간의 알파). 일단 시작하기로 한 이상 서둘러 땅부터 계약하기로 했다.

2011년 6월 18일. 드디어 토지 계약! 전국 지도를 펼쳐놓고 본다면 아마 미토콘드리아 속 알딱지만할…, 우리 땅이 생겼다. 그리고 설계를 위해 건축가 문훈 소장님과 첫 미팅을 가졌다. 울긋불긋한 작은 사무실 안에 좌식 책상 앞에 떡하니 앉아 있는 건축가의 포스는 용한 도사 같았다. 더 볼 것도 없다. "도사님, 우리 계약합시다!" 우리는 몇 달간 머릿속에 막연히 그려 넣었던 집에 대한 구상을 털어 놓기 시작했다.

지붕에 잔디를 심으면 어떨지,

비올 때 빗물을 이용해 연못을 만드는 건 어떨까요?

집 천정으로 별을 볼 수 있을까요?

천정에서 볕이 들어오는 중원이 있었으면 좋겠어요.

딸아이 모래놀이터도 있었으면 좋겠어요. 미끄럼틀도 있음 좋겠네요….

지금 생각하면 말도 안 되는 이야기들이 더 많았던 것 같다. 어쨌든 집에 대한 우리의 생각에 건축가의 아이디어가 더해졌다. 그렇게 이메일로, 전화로, 피드백을 주고받고, 이후로 네 차례 정도의 미팅이 이어졌다.

사실 설계를 하는 동안만큼은 마음껏 무한 상상의 나래를 펼칠 수 있다. 그래서 행복하고, 설레는 작업이다. 하지만 반전이 있다! 건축주라면 피할 수 없는 바로 돈 문제, 건축비. 땅값까지 제하고 나니, 머리가 복잡해졌다. 기왕 짓는 거 널찍하게 지으면 좋겠지만 어쩌랴, 비용에 맞춰 집 면적이 대폭 축소됐다. 각종 세제 혜택이 있는 국민주택 규모로 짓자.

그래도 단독주택은 다락을 활용할 수 있으니 1, 2층 합쳐서 25평에 다락 12. 5평까지 합치면 37평이 넘을 테니 이 정도면 훌륭하다. 하지만 문제가 발생했다.

부천 범박지구는 다락을 만들 수 없게 돼 있단다. 게다가 좁은 마당에 주차라인을 3개나 만들어야 한다. 마당 전체에 주차장을 그려 넣어야 한다.

며칠간 잠도 오지 않았다. 살고 있던 25평 아파트와 비교해 보니 베란다도 없을 것이고, 거기에 계단 면적만큼 더 좁아질 것을 생각하니 한숨이 절로 나왔다. 겁도 없이 왜 집을 짓자고 했을까. 괜한 짓을 했다는 생각에 후회가 밀려왔다. 그렇지만 이미 되돌릴 수 없는 일이었다.
그러던 중 인터넷 서핑을 하다가 눈에 들어온 오밀조밀 내실 있게 지어진 일본의 집들. 9평 집 안에 없는 거 하나 없이 잘도 꾸며 놓았다. '그래, 우리 집도 작지만 꼼꼼하게 지으면 되는 거다.'
이 별거 아닌 사실을 몸소 깨닫는 데는 나름의 시간과 용기가 필요했다.
작지만 결코 답답해 보이지 않도록!
좁아도 있을 것은 다 들어가 있는 효율적인 집. 거실, 방3, 화장실2, 다용도실, 주방, 그리고 수납공간까지. 새집에 옮겨갈 가전과 가구 사이즈를 미리 측정해 설계도에 반영했다. 단 1센티미터도 허투루 쓰는 공간이 없도록 그렇게 멋진 집을 짓자. 건축가도 우리 가족도 한마음이 됐다.

더 작아진 집

p.184

개방감 높은 스킵플로어. 좁은 실내의 개방감을 높이기 위해 건축가가 제안한 스킵플로어형 주택. 바닥 높이를 반층씩 엇갈리게 하는 방법으로, 다양한 공간 연출도 가능하고, 반만 올라가면 되니까 각 층 간의 소통도 용이하다. 스킵플로어 형태에서 자연스레 생기는 1층의 여유 공간, 높이는 1.4미터밖에 안 되지만 건축면적에는 포함되지 않으니 다락을 대신할 공간도 확보할 수 있게 되는 셈이다. 무엇보다 마음에 드는 건 어디서든 흔하게 볼 수 있는 형태의 집이 아니라는 점이었다.
스킵플로어와 평수, 건축비. 집을 구경하러 오신 분들 대다수가 우리집이 25평이란 사실에 모두 놀란다. 25평 아파트에서 살다 온 우리 역시도 그렇게 느끼고 있다. 여기에 층고까지 높으니 그 효과는 더 놀랍다. 단, 스킵플로어형 구조는 일반형 구조보다는 시공비가 높다. 골조공사가 진행되는 걸 보면 왜 그럴 수밖에 없는지 충분히 납득할 수 있다. 그래서 스킵플로어형 구조로 집을 짓겠다면 통용되는 평당 건축비를 잊고, 시공사와 긴밀하게 협의해야 한다.

높은 층고를 활용한 공간 활용. 집이 작은 터라 우리집에는 3평을 넘는 방이 없다. 하지만 살고 있던 아파트와 비교하면 훨씬 넓어 보인다. 바로 층고 때문이다. 다락을 만들 수 없는 탓에 2층에 위치한 방들은 자연스레 층고가 높아졌다. 특히 2층 안방의 바닥면적은 9.16제곱미터, 층고는 4.1미터다. 누워 있으면 천정이 뻥 뚫려 있는 느낌이랄까. 도배는 어찌하셨을까, 전등은 어떻게 다셨지 싶다. 후에는 이 방을 복층 구조로 사용할 계획이다. 아직 드레스룸이 따로 없는 터라 아래쪽에 붙박이장을 두고, 위쪽에 침대를 놓아 침실로 분리해 활용하면 더 알찬 집이 되지 않을까.

단열이 잘 되는 따뜻한 집. 집의 층고가 높아지면서 아무래도 단열이 염려스러웠다. 특히 어린 아기가 있고, 유독 추위를 싫어하는 탓에 단독주택 짓기의 최대 고민은 단열 문제였다. 아무리 스킵플로어형 구조가 마음에 든다 한들 쉽게 단열 문제를 포기할 순 없었다. 행여 가스비 폭탄이라도 맞는다면 역시 아파트가 최고라며 다시 돌아갈지도 모를 일. 설계 내내 혹시 집이 춥지 않을까 걱정도 많았다. 이 때문에 가족회의를 소집하기도 했다. 우리는 단열에 더 힘을 싣기 위해 외장재도 칼라강판에서 스타코로 최종 변경했다. 스티로폼 위에 미장을 하고 색을 칠하는 형식의 스타코는 다른 외장재에 비해 강도가 약하다는 단점이 있지만, 단열 성능은 더 높다고 했다. 과연 좋은 선택이었을까? 한두 해 겨울을 지내봐야 정확히 알 수 있으리라. 집을 짓는다는 것은 쉼 없는 선택의 연속이다. 무엇을 우선순위로

p.181

둘 것인지가 중요하다. 하나를 취하면 하나를 버려야 하는 것이 정한 이치, 집짓기에서도 예외가 아니다. 물론 자금의 여유가 있다면 상관없겠지만.

집짓다가 10년 늙는다지, 그래도 행복하다면

괜한 말이 아니었다. 본격적인 공사를 시작하기도 전인 허가 과정에서 속이 시커멓게 탔고, 예상보다 일정도 한없이 늦어져 계획에도 하나 둘 차질이 빚어졌다. 그러다 만난 인연이 하우징플러스 시공사의 백균현 이사님이다. 세 곳의 업체에 견적을 의뢰한 시기였는데 땅을 보겠다며 직접 찾아오셨다. 그리고 그간의 일들에 마음의 위로도 얻었고, 조언도 들었다. 그리고 우리 집짓기의 최종 파트너가 됐다. 여러 모로 마음고생을 하며 지쳐 있던 우리 부부에게 다시금 집에 대한 행복한 꿈을 키울 수 있게 해준 기억. 지금까지도 고맙다. 어쩌면 그 고비에서 좋은 파트너를 만나지 못했다면 우리는 집짓기를 결국 포기했을지도 모른다.

힘든 고비고비마다 버티고 극복할 수 있었던 이유는 마음에 맞는 건축가와 시공사. 이 분들이 있었기 때문이다. 이 셋이 궁합이 잘 맞으면 어떤 상황도 이겨낼 수 있다. 누가 먼저 시작하든, 상대 탓을 하기로 들면 집은 그야말로 산으로 간다. 어떤 문제가 발생하든 서로 머리를 맞대고 의논하면 해결하지 못할 문제는 없다. 적어도 우리의 집짓기 과정은 그러했다.

입주 후

누군가 단독주택에서의 삶은 하루하루 집을 손보며 살아가는 거라고 하더니, 역시 흘릴 말이 아니었다. 일단 가장 먼저 눈에 들어오는 곳은 마당. 넓지도 않은 마당이건만 참 할일도 많다. 일단 과실수 한 그루에 상추며 고추, 오이 심을 작은 텃밭도 꾸며야 하고, 딸아이를 위한 미끄럼틀과 작은 모래놀이터, 가끔 삼겹살 파티를 할 작은 야외용 테이블도 꾸릴 계획이다. 사실 아파트 살면서는 캠핑용품 하나, 둘 장만해서 산으로 들로 떠날 계획 세우며 들떴는데, 생각해보니 이제 그 모두를 우리 앞마당에서도 할 수 있다. 기름값 제대로 굳혔다!

이사 후, 가족들의 삶은 더할 나위 없이 활기차다. 이른 아침부터 집 주변을 쓸고 닦는 부모님, 아직 이웃에 친구는 없지만 대가족 틈에서 심심할 틈이 없는 우리 딸 소율이, 대출금 갚자면 돈 열심히 벌어야 하건만 매일 집에만 있고 싶다는 남편, 물론 가장 신난 건 나다!

친정 부모님의 든든한 백그라운드에서 이제 곧 전업주부에서 워킹맘으로 돌아갈 계획도 세워보고, 남편이 집에 늦게 들어올 때면 옆집 저녁 밥상에 숟가락 하나 살짝 얹는다. 맛있는 건 나눠먹고, 전화 한통이면 김치 배달까지, 이런 호사를 누가 누려보겠나. 아이고, 집짓기 정말 잘했다!

오늘 저녁은 이 얌체 같은 딸내미가 푸짐한 밥상을 차려놓고 부모님께 건너오시라 해야겠다. 부모님도 호사를 누릴 수 있도록….

주변에 산책로와 녹지가 풍성하고 1호선 역곡역에서 버스로 다섯 정거장 거리, 부천 범박동 택지지구에 우리는 부모님과 함께 땅콩집을 지었다.

비용에 맞춰 집 크기를 대폭 줄였다. 최종적으로 각종 세제 혜택이 있는 국민주택 규모로 짓기로 결정. 단 1cm도 허투루 쓰는 공간이 없는 오밀조밀한 설계로 한 세대당 거실, 방 3, 화장실 2, 주방에 다용도실까지 갖추었다. 특히 '스킵플로어'의 특징에 걸맞은 구석구석 수납공간으로 좁은 면적을 커버했다.

1층 거실은 아이 키 높이에 맞춘
소율이 전용 공간과 이어지고,
반층 올라서면 서재 겸 거실.
안쪽으로 부엌과 식당을
배치했다.

1 1.5층에 자리한 부엌.

2, 3, 4 우리집에는 3평을 넘는 방이 없다. 하지만 예전에 살던 아파트와 비교하면 훨씬 넓어 보인다. 바로 층고 때문이다.

5 1.5층 식당에서 보이는 단지 전경은 우리집 두번째 정원이다.

6, 7 제일 높은 층은 AV룸으로 꾸몄다.

1 부모님 댁 1층. / 1.5층에 부엌과 다용도실을 두었다.

2, 3 곳곳의 채광창과 화이트톤의 실내 마감으로 공간이 넓고 쾌적하게 느껴진다. 집을 구경하러 오는 손님들 대부분 25평이란 사실에 무척 놀란다.

완공까지 힘든 고비마다 버티고 극복할 수 있었던 이유는 마음이 맞는 건축가와 시공사를 만났기 때문이다. 서로 공감하고 이해하는 파트너를 만날 수만 있다면 집짓기는 어찌됐든 성공한다.

09 일산 성석동 말레※ 하우스 이야기

※'말레 하우스'의 뜻

'말레'는 나무로 만든 대청 혹은 마루 등 전통가옥에서 온 가족이 모이는 화목한 공간을 가리키는 순수 우리말입니다. 주로 전남, 장흥 등 한반도 남부 지역에서 많이 쓰이는 단어인 '말레'는 따뜻한 목재 주택, 특히 온 가족과 손님이 나무 바닥에 둘러앉아 오순도순 정을 나눌 수 있도록 원목으로 만들어진 우리 집의 1층 거실과 그 집을 만든 기본 정신을 잘 드러내주는 단어입니다.

'건축 다이어리'를 권하고 싶다.
자금 계획부터 지급 시기,
의사전달, 생각한 것들을 현장에서
바로바로 메모해두면 추후
의사소통의 혼란을 막을 수 있고,
나중에 어떤 문제가 생겼을 때
원인을 파악하기에도 좋다.

건축주	문화라
가족 구성	부부 + 자녀 3 고양이 크리스, 강아지 유브, 초바
건축가	봉일범
시공사	광장 A&D
대지면적	368㎡ (111.5평)
건축면적	59.5㎡ (18평)
연면적	218.2㎡ (66평)
구조	지하 1층+지상 2층+다락 / 목조
설계 기간	2개월
시공 기간	3개월
설계비	2,200만 원
전체 시공비	2억 원 (인입비 제외)

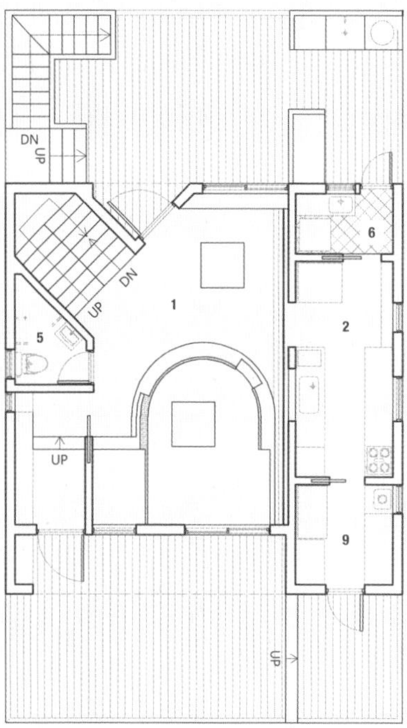

1층

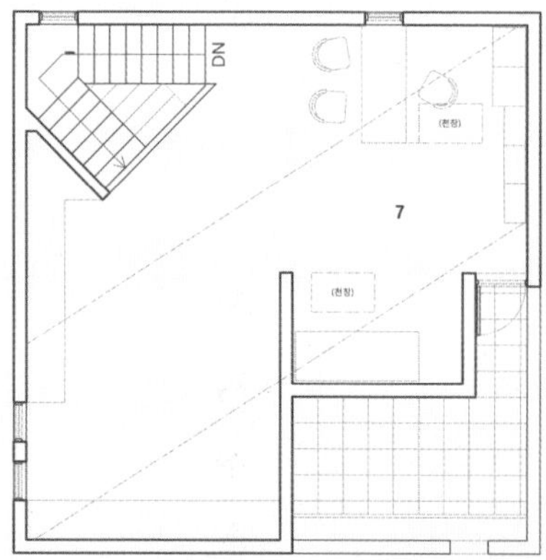

다락

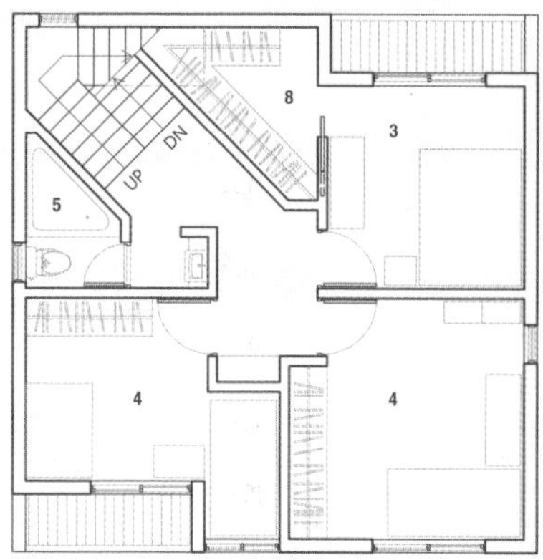

2층

1. 거실
2. 부엌
3. 안방
4. 방
5. 화장실
6. 세탁실
7. 서재
8. 드레스룸
9. 다용도실

상담, 추억을 길어 올리다

설계를 위해 건축가 봉일범 교수를 찾았을 때, 우리 부부는 첫 질문을 받았다. "평소 집에 대해 어떤 이미지를 가지고 있나요?" 바로 그 자리에서 좋은 답을 내놓기 어려웠다.

그날 밤 나는 많은 것들을 생각하게 되었다. 특히나 어릴 적 집에 대한 추억이 무럭무럭 떠올랐다. 애지중지 키우던 강아지, 고양이들, 마당에 가지런했던 키 작은 꽃들과 소소한 먹거리들, 이맘때쯤 봄비가 내리면 땅속에서 올라오던 싱그러운 흙내음, 직접 심은 콩 싹이 하루하루 커가는 모습을 볼 때의 경이로움, 마루 구석에 자리 잡은 하얀 제비똥 무덤….

휴식의 공간, 정서적인 안정, 좋은 냄새가 피어오르고 살아 있는 생명들이 손에 닿는 곳. '집' 하면 떠오르는 이미지들이었다. 20대가 되어 서울 생활을 시작하면서 집이란 곧 아파트를 의미하게 되었고, 결혼 후 아이들을 낳고 지금까지 아파트 외의 다른 곳에선 살아본 적이 없다. 이 생각 저 생각에 빠져 있다 문득 세 아이를 바라보니 집짓기를 서둘러야겠다는 마음이 들었다. 이 아이들은 집에 대해 어떤 기억을 갖게 될까?

흙냄새, 빗소리

LA에서 잠시 산 적이 있었는데 하와이 다음으로 날씨가 좋다는 그곳에서 나를 가장 괴롭혔던 것은 아이러니하게도 비가 오지 않는 기후였다. 1월, 2월 정도만 우기여서 간간이 비가 내리고 그 이후로는 비가 내리지 않았다. 런던은 비가 너무 많이 와서 우울하다던데 반대로 비 내리는 것을 보지 못하고 빗소리를 듣지 못한다는 것도 참으로 괴로운 일이다. 비에 젖은 흙냄새와 타박타박 빗소리를 듣는 것이 나에게 얼마나 소중한 것이었던가, 새삼 깨달았다. 추억을 곱씹고, 남편과 오래 이야기를 나누니 곧 내가 가장 중요하게 생각하는 점을 찾을 수 있었다. '난독주택에 다시 살게 된다면,

응당 흙냄새와 빗소리가 있어야 한다! 자연을 느낄 수 있어야 심리적으로 안정을 얻을 수 있다.'

쌍둥이가 자라다

아이들은 아이들대로 아파트 살이가 고되었을 것이다. 큰 애를 낳고 10년 터울로 아들 쌍둥이를 낳았으니, 집안에서 녀석들의 뜀박질을 단속하는 건 사실상 불가능하다. 남편은 특히 예전부터 집짓기, 시골, 전원생활 등에 관심이 많았다. 반면에 솔직히 나는 별로 아니었다. 단독주택이 싫은 건 아니었지만, 역시 자신이 없었다. 누구나 편리함에는 쉽게 길들여진다. 솔직히 나 또한, 여느 젊은 엄마들처럼 교육 여건이나 쇼핑, 문화생활을 할 수 있는 모든 것이 다 갖춰진 곳에 살고 싶었다. 아이들을 위해서는 특히 더 그래야 한다고 생각했다. 아이 셋 키우기가 어디 쉬운가. 미혹은 있지만 크게 변화가 없었던 내 심지는 쌍둥이가 자라면서 슬슬 흔들리기 시작해 굉장히 빠르게 발전해 나갔다. 아파트에서 아들 쌍둥이를 포함한 세 아이와 씨름 해보지 않은 엄마라면 말도 하지 마시라. 그리하여 결국 "땅 보러 가자"고 외려 내가 남편을 재촉하기까지는 그리 오래 걸리지 않았다.

우리 동네 성석동

처음 일산 성석동을 찾았을 때는 딱히 끌리지 않았다. 서울 생활을 시작한 이래 늘 번화가에 살아왔던 터라, 아무리 일산 도심과 붙어 있는 곳이라 할지라도 내 눈엔 그저 완벽한 시골 정경 그대로였다. '이런 데서 어떻게 살아?' 집을 짓겠다는 야심은 온데 간데 사라지고 울상이 되었다. 게다가 단독주택이라면 얼마나 신경 쓸 일이 많을 텐가. 집 구석구석 수리며 관리며, 아이들한테 신경 쓰기도 빠듯한데 이 시골에서 내가 해낼 수 있을까,

p.199

걱정들이 앞섰다.

이후 각지로 땅을 보러 다녔지만 결국은 처음 만났던 성석동을 선택했다. 가장 큰 이유는 역설적으로 집 주변의 개발이 제한되어 있다는 점 때문이었다. 어차피 땅값이 뛰기를 바라고 짓는 집이 아니었기에 주변 녹지가 충분히 보전되어 전원생활을 만끽할 수 있다는 것이 최고의 강점이었다. 또 승용차로 일산 시내까지 15분 정도면 충분히 갈 수 있어 쇼핑이나 문화생활을 하기에 아무 문제가 없고, 아이의 등하교도 승용차로 10분 이내 거리였기에 큰 부담이 되지 않았다. 요컨대 땅값이 비교적 싸면서 전원생활을 즐길 수 있고, 상가나 학교 등을 이용하는데도 불편함이 없는 동네였다.

일산 성석동 외에 용인, 판교, 파주 등의 땅도 둘러보았다. 용인과 판교는 택지지구라 기반시설이 잘 갖추어져 있고 공사를 수월하게 할 수 있는 장점이 있었으나 주변이 아파트 단지로 둘러싸여 전원을 즐기기는 어려워 보였다. 또 남편과 나의 직장에서 멀다는 점도 걱정스러웠다. 파주 역시 서울 접근성이 성석동에 비하면 많이 떨어져 보였다. 남편은 여의도로, 나는 신촌으로 주로 출근하는데 성석동에서 여의도까지는 40분 정도면 가능했고 특히 출퇴근 시간에 예상과 달리 특별한 교통 체증이 없었다.

제일 걱정은 중학교 1학년 큰애였다. 중학교에 진학하면서 안 그래도 적응하느라 피곤하고 바쁜 아이에게 학교를 옮겨야 한다고 하면 어떻게 받아들일까? 예민한 시기인데 너무 무리수가 아닐까? 남편의 직장보다도 큰애의 학교 문제가 제일 걸렸다.

그래서 선뜻 아이에게 말을 꺼내지 못했다. 설계가 다 끝나갈 무렵이 되어서야 집의 모형 사진을 보여주며 조심스럽게 입을 열었다. 그런데 그간 걱정했던 것과 달리 아이는 선뜻 수긍하며, 마당에 오렌지 나무를 심고 싶다고 덧붙였다. 가족의 의견은 빠르게 기울었다. 혼자의 욕심이 아니라 가족이 함께 응원해주니 결심도 빠르게 섰다. "이 기회가 아니면 영영 마당을 가져볼 수 없을지도 모른다." 남편의 조언이 쾅쾅 마음에 도장을 찍어 주었다. 그리하여 2011년 여름, 건축가 봉일범 교수가 내 앞에 이 질문을 던지게 된다. "문화라 님께 집은 무엇인가요?"

당신에게 집은 무엇인가요?

남편은 나보다 조금 더 구체적이고 현실적인 계획을 갖고 있었다. 가족 간의 소통과 역동적인 느낌을 살릴 수 있는 공간을 꿈꿨다. 설계 상담이 이어지면서 서서히 집이 드러났는데, 설계 과정은 매우 꼼꼼하게 진행되었다. 작은 문제 하나도 그대로 넘어가는 법이 없었다. 건축주로서 봉교수를 만난 것은 큰 행운이었다고 단언할 수 있는데, 특히 초보 건축주에게 세세한 설명을 계속해가며 집의 완성도를 높이기 위해 쏟은 노고에는 아무리 감사를 드려도 부족할 따름이다.
막연한 생각들이 구체적인 공간으로 탄생하는 과정은 싹이 자라 열매를 맺듯 경이로웠다. 내가 평소에 생각했던 것들, 꼭 필요한 공간들, 아이들을 위한 코너들이 제자리를 찾아갔다. 맞춤형 집이란 이런 것이구나, 매번 고개를 끄덕이며 행복했다. 자주 문제에 부딪히긴 했지만 조금 지나면 해결 방안을 찾은 건축가가 연락을 해왔다. 예를 들어, 우리집은 아이가 셋인데다 부부를 위한 서재도 반드시 필요했는데 2층에 방 4개를 만들 공간은 절대 부족이었다. 자연스럽게 서재를 다락방으로 올리게 되었다. 평면을 완성하자 설계 프로그램으로 다 지어진 공간을 느껴볼 기회를 맞게 되었다. 신기하고 벅찬 체험이었지만, 한편으로는 걱정이 스미기 시작했다. 진짜 이대로 지어질까?

12월에서 이듬해 3월로

두 달이 넘는 설계 과정을 마무리하고, 11월 드디어 착공. 원래는 12월 말에 입주를 할 계획이었는데 역시 무리한 일정이었다. 그 즈음 불기 시작한 단독주택 열풍으로 중소 규모의 실력파 시공사들이 눈코뜰새 없이 바빴으니, 우리집만 사정을 봐주기란 불가능했고 게다가 겨울 공사였다. 기본 골조를 목조로 하긴 하지만, 기초와 지하, 부분적인 곳에 콘크리트가 쓰이므로 날씨에 상당히 민감했다.

이사 날짜는 12월에서 1월로, 다시 2월로, 그 뒤에는 우리가 나서서 아이들 안전을 위해 좀더 미루기로 했다. 무리한 일정은 건축주에게 독이다. 시간이 여유로워야 제대로 된 제품을 수급 받을 수 있고, 시공사에서도 안정적으로 공사를 마친다.

지금 알고 있는 걸 그때 알았더라면

2011년 한 해는 나에게 도전이었다. 경험해보니, 집짓기란 결코 쉬운 과정이 아니란 걸 강조하고 싶다. 어떤 이는 건축가가 다 해결해준다고도 하고, 마음 좋은 시공사를 만나면 다 알아서 결정해준다고 하는데, 그렇지 않은 부분이 많다. 물론 나는 건축가의 설계에 만족하고 시공사에 고마움을 표하고 싶지만, 건축주의 고유한 선택권이란 누가 대신해줄 수 없는 사안들일 경우가 많다. 너무 다 알아서 결정해주는 현장소장을 만나 불만스럽다는 건축주들도 있으니 참고했으면 좋겠다.

첫째, 인터넷 카페와 책 등에서 얻은 정보만으로 목조주택은 아주 빨리 지을 수 있다고 생각을 하기 쉬운데 함정이다. 너무 서둘렀다는 점이 입주한 뒤에도 두고두고 아쉬웠다. 특히 우리집은 지하층이 있었기 때문에 좀더 긴 시간이 필요했는데, 나는 지하층 공사를 포함해서 대략 2개월 정도를 계획했다. 지금에서야 말이지, 가만 돌이켜보면 참 서투른 계획이었다.

구옥을 고치는 것도 아니고 맨땅에 기초를 만들어 평생 살 집을 짓겠다면서 고작 두 달을 잡다니, 박해도 너무 박했다.

p.200

둘째, 계절을 고려해야 한다. 여름에는 비가 많이 내리고 겨울에는 혹한의 추위가 잦다. 우리는 11월 중순부터 공사를 시작했는데 겨울공사는 어려운 점이 상당하다. 외부 공사의 경우 영하가 되면 자재가 서로 붙지 않기 때문에 공사를 진행할 수 없다. 바람이 많이 불어도 외부 작업을 하기 어렵다. 물론 겨울에 지은 집의 경우 장점도 있다. 예를 들어, 단열이나 외풍 등 집의 하자나 문제가 바로 드러난다는 점이다. 완공 직전에 문제를 바로잡을 수 있으니 골치 아픈 상황을 맞지 않을 수도 있다. 실제로 단독주택에서 단열이나 외풍은 굉장히 중요한 문제다. 특히 단독주택은 환기와 채광을 위해 창이 제법 많다. 설계할 때 창이 없는 방은 아예 만들지 않는다. 아주 고가의 창호시스템을 설치하지 않는 한 결로는 어느 집에서나 생길 수 있고, 어떤 좋은 설계에서도 예외 사항이 아니다. 그런 점에서 나는 겨울공사로 혜택을 봤다고 해야 할까. 단열공사가 얼마나 잘 됐는지, 창호의 성능이 어느 정도인지, 건조도와 습도가 어떻게 변하는지, 입주하자마자 바로 느낄 수 있었다. 다행히 우리집은 따뜻하고, 창틀에서는 한 점의 바람도 들지 않는다.

셋째, 마지막으로 다시 강조하고 싶은 하나는 위에서 언급한 '건축주의 체크'이다. 건축주의 요구나 생각을 모두 읽어내는 건 엄마가 사춘기 아이 마음 헤아리기처럼 불가능하다. 시공사가 부족해서 그런 것도 아니고 건축주가 지나치게 까탈스러워서도 아니다. 자신이 원하는 것은 오직 자신만 안다. 그러니 기본적인 공정을 미리 익혀두자. 대략의 시공 과정을 미리 알기란 아주아주 쉽다. 현장소장에게 자문을 구하고 메모만 해도 된다. 또는 관련 여러 카페와 시공사 대표가 운영하는 카페들도 있다. 건축가에게 문의하고 현장소장에게 묻고, 전혀 다른 제3자에게 한번 더

크로스 체크한다면 거의 정확하게 체크 포인트가 잡힐 것이다. 공정을 숙지하는 것은 무척 중요하다. 한번 지나간 공정은 돌이키기 어렵다. '체크는 시기'다. 예를 들어, 우리는 지하 보일러실 옆에 세탁실을 만들었는데, 지하가 완성된 뒤 살펴보니 세탁실 문의 폭이 60cm로, 세탁기를 아예 넣을 수 없는 상황이 발생했다. 공사 과정에 관해 파악하지 못한 내가 문을 10cm 이상 더 늘려 달라고 부탁했는데, 정말 쉽지 않았다. 어처구니없다고 생각할 수 있겠지만 이보다 더한 상황이 많이 생긴다. 아무리 꼼꼼하게 설계를 해도 착공 후 현장에서 변경하는 경우도 있기 때문에 이쪽을 맞추면 다른쪽이 틀어지는 상황이 생길 수 있다. 언제, 누구에게 의사를 전달하느냐가 집의 디테일을 결정한다. 이를 위해 '건축 다이어리'를 권하고 싶다. 자금 계획부터 지급 시기, 의사전달, 생각한 것들을 현장에서 바로바로 메모해 두면 추후 의사소통의 혼란을 막을 수 있고, 나중에 어떤 문제가 생겼을 때 원인을 파악하기에도 좋다. 특히 구체적인 색상이나 자재 등등은 작은 샘플을 보고 결정하면 후회하기 쉽다. 미심쩍거나 자신의 판단에 확신이 없으면 바로 건축가에게 의견을 구해서 안전한 선택으로 가닥을 잡아야 한다. 세상 모든 이치가 다 그러하듯, 공을 들인 만큼 결과가 좋다.

우리집은 어디에서나 하늘

p.201

우리집의 가장 큰 특징 몇 가지를 소개해보자. 멋스럽고 화려하지는 않지만 실용적이고 버릴 공간이 없으면서 우리 부부와 세 아이의 개성이 자연스럽게 드러난다.

첫째, 많은 식구를 감안해 불필요한 공간을 일절 배제하고 실용적으로 모든 공간을 촘촘하게 짰다. **둘째,** 지하를 포함해 모든 층에서 바깥으로 나갈 수 있는 베란다가 있다. 특히 다락방에서도 하늘을 바라볼 수 있는 멋진

베란다가 있다! **셋째,** 유용하게 쓸 수 있는 쾌적하고 넉넉한 지하 공간이 매력이다. 지하이긴 하나 집의 뒷면이 앞쪽보다 대지가 낮은 관계로 지상과 마찬가지다. **넷째,** 집의 내부와 인테리어는 되도록 심플하면서도 깔끔하게 마무리했다. 일층 내부 전체를 벽지 대신 흰색 도장으로 마감했고 계단도 계단 난간도 하얗게 마무리했다. 이 밖에 부엌가구와 붙박이장, 타일 등도 거의 흰색으로 통일했다.

우리집에는 세 아이들 말고도 하얀색 긴 털을 가진 고양이 크리스와 순한 강아지 유브와 초바가 함께 산다. 초입에서부터 '식구가 많다'라고 강조한 이유이다. 세 아이와 세 반려동물, 우리 부부는 앞으로 우리동네 성석동에서 어떤 일상을 보내게 될까? 봄과 여름이 마냥 기다려진다.

HD

지하에 2층, 다락까지 갖춘 제법
큰 공사 규모였다. 한 겨울을
보내며 3개월간 시공을 했는데,
좀더 여유를 가졌으면 좋았겠다
싶다. 특히 내부 인테리어
마감할 때는 우리 부부가 나서서
'천천히'를 외쳤다.

외장은 하얀 스타코로 심플하게 마무리하고 그대신 나무 질감을 이용해 1,2층 테크에 포인트를 주었다. 이사 직전에 식구가 된 진돗개 유브와 초바는 이제 어른티가 난다. 이 사진에 강아지가 몇 마리일까요?

1, 2 현관에 들어서면 가장 먼저 눈에 띄는 것은 U자형 거실이다. 넓지 않은 공간이 자칫 밋밋해질 수도 있어 설계할 때 1층 거실에 신경을 많이 기울였는데, 소파를 두지 않고 원목으로 층을 만들어 거실이 공연장 같은 느낌이 들도록 했다. 특히 U자형 마루의 끝에는 평상처럼 마음대로 누울 수도 있는 공간을 두었다.

2

3

4

3 지하층으로 내려가는 계단.

4 원목으로 마무리한 계단은
흰 벽과 난간과 대조를 이룬다.

1층에는 방을 두지 않고 작은 욕실과 거실, 주방만을 배치했는데,
특히 봉일범 교수가 즐겨 설계하는 특유의 11자형 부엌 양옆으로 이중
보조주방을 만들어 수납을 넉넉하게 하고 싶은 욕심을 한껏 채울 수
있었다.

1

3

4

2

1 방 세 개와 함께 2층에 있는 욕실의 세면대는 사용이 편리하도록 복도로 배치했으며, 좁은 공간의 단점을 다락 쪽의 개방감으로 보완했다.

2 우선 올해 다섯 살 난 어린 쌍둥이 아들들이 쓰는 가장 큰 방은 볕이 잘 드는 남향으로 창을 냈으며, 벽면과 천장을 특별히 주문한 히노끼 나무로 마감해 아이들이 몸에 닿는 느낌과 향을 음미할 수 있도록 했다.

3 중2 딸아이의 방 역시 남향으로 낸 반면 드레스룸이 딸린 부부의 안방은 북향으로 배치했는데 두 방 모두 큰 창을 열면 언제든 베란다로 나가 주변 녹지와 하늘을 즐길 수 있다.

4 욕실에는 히노끼로 삼각형 욕조를 짜넣어 아이들이 목욕을 즐길 수 있도록 했다.

서재를 다락으로 올렸는데, 혹시나 잘 안 올라가게 될까 했던 걱정은 말끔히 사라졌다. 아이들과 낮밤 할 것 없이 다락방에서 신나게 지내고 있다. 다락방으로 책과 책상을 옮기고, 베란다에 나가 하늘을 올려다보니 좁은 다락이 아니라, 하늘 아래 서재를 가진 기분이다. 비가 오면 비가 오는 대로 운치가 있고, 낮에는 신선한 공기로 채워지고 밤이면 서울 도심에서는 결코 볼 수 없었던 많은 별들이 총총하다.

시간이 지날수록 풍성해질
마당에 들어설 때마다 마음이
설렌다.

10 경기 양평
부킹하우스(book+ing house), 집과 삶의 하이브리드

예비건축주들은 건축가를 찾을 때 건축사무소만을 검색하기 쉬운데 꼭 그러지 않아도 된다. 명망 있는 건축대학에서 설계 수업을 하는 분들에게 설계를 의뢰하는 것도 한 방법이다. 설계 수업을 진행하는 분들이 학교에 임용이 된 분일 수도 있고, 건축사무소를 운영하면서 수업을 하는 분들도 많다.

건축주	김준산
가족 구성	부부 + 장모 + 자녀 2
건축가	봉일범
시공사	위드하우징
대지면적	274㎡ (83평)
건축면적	41.25㎡ (12.5평)
연면적	123.75㎡ (37.5평)
구조	2층+다락 / 목조
설계 기간	2개월
시공 기간	2개월
설계비	1,100만 원
전체 시공비	1억 3,500만 원

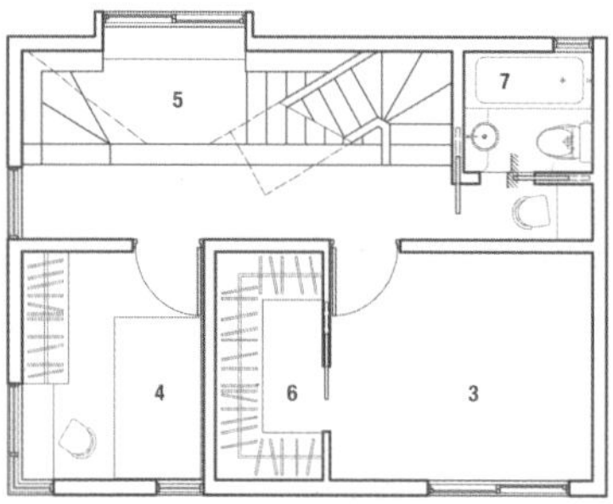

2층

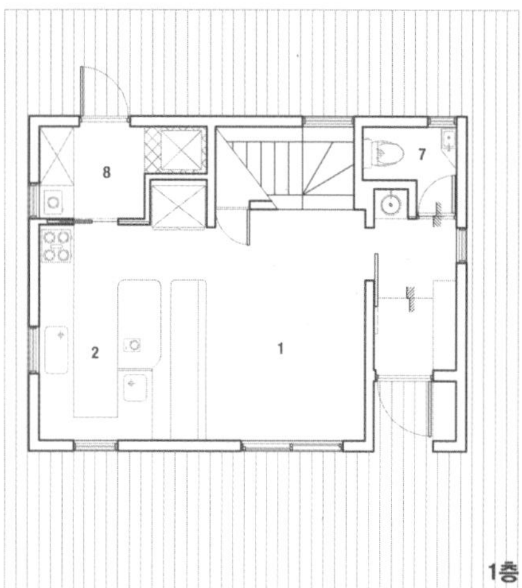

1층

1. 거실
2. 부엌
3. 안방
4. 방
5. 서재
6. 드레스룸
7. 화장실
8. 다용도실

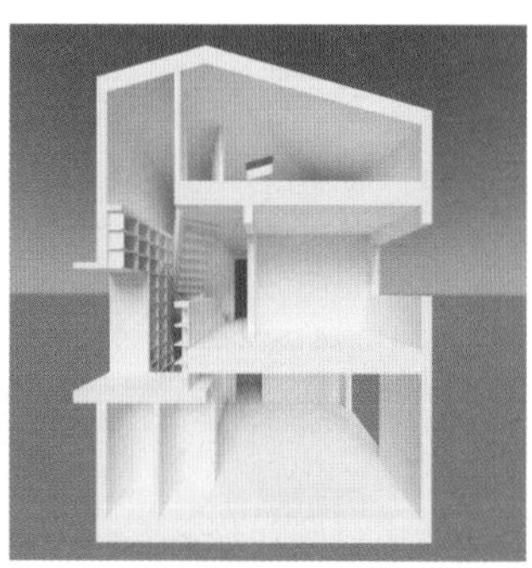

공간으로서의 하이브리드

세계와 자기는 하이브리드이다. 이질적인 것들의 섞임과 융합. 자기와 세계의 융합은 곧 자기 자신에 대한 성찰이며, 삶에 대한 고투라고 믿는다. 자기 성찰은 세계 해독과 무관하지 않다. 해서, 자기와 세계를 이어주는 가장 근원적인 공간으로서 '집'은 일종의 접착제라고 본다. 자기와 세계를 융합해주는 촉매가 바로 '우리들의 집'이라고 생각한다. 내 삶의 가장 소중한 공간을 얻기 위한 시도는 어쩌면 '세계를 사랑하고 자기를 자각하겠다!'는 의지가 아닐까. 집짓기는 '불투명한 자신을 투명한 주체로 승화'하고자 하는 욕구이자 희망이다. 나 또한 그런 의지의 소산으로 지난 몇 달간 희로애락을 교차하며 달리고 날았다. 아직 종착은 아니지만 '나와 세계'를 하이브리드 할 소담한 공간을 얻었고, 우리 가족은 그 속에서 우리들만의 혁명을 기대한다.

욕구과 요구의 하이브리드 부킹하우스 외부

p.218

애초에 배경색은 딱 두 가지로 정했다. 색의 배경이 되는 흰색과 빛의 배경이 되는 검정색. 대체로 집의 외부는 색의 배경을 따르게 마련이니 베이지나 회색 톤이 쉽고 자연스럽다. 순백이 관리상 어려우니 그 수고를 덜기 위해 흔히 노란 계열을 섞어 베이지를 만들거나 검정 계열을 섞어 회색을 만든다. 그런데 부킹하우스는 고정관념을 뒤집어 관계를 거꾸로 만들었다. 외부를 빛의 배경으로 기획하고, 내부를 색의 배경으로 정했다. 빛의 배경인 검정색은 어쩌면 삭막하게 보일 수 있다. 창고 같기도 하고 공장 같기도 하다. (물론 관리도 쉽다.) 검정의 외부는 빛의 배경이니, 당연히 밤에 아름다운 집이다. 양평이 고요한 시골 마을이라서 밤을 극복하고자 하는 마음을 표현한 색상이기도 하다.

장난감과 밥의 관계

p.225

1층은 장난감과 밥을 위한 하이브리드 공간이다. 밥이라는 일상적 욕구와 장난감이란 아이의 요구가 잘 짜인 공간 속에 버무려졌다. "밥이냐 장난감이냐"는 이것이냐, 저것이냐 선택의 문제가 아니다. 밥을 참을 수 있어도 장난감(어른들도 마찬가지)을 참을 수 없는 동물은 아마 인간밖에 없을 것이다. 장난감 광신도인 아들을 위해 요구와 욕구를 하이브리드 해보았다. 밥 먹으면서 놀고 놀면서 밥 먹을 수 있는 공간이 부킹하우스의 1층이다. 놀이를 위해 동선은 짧게, 장난감 수납 시선은 응축해 계획했다. 어울리지 않는 두 목적이 아이들에게 자연스럽게 융합되어 욕망과 요구의 경계가 자연스럽게 사라지지 않을까 기대했다.
주방은 스테인리스를 카운터로 정했다. 인조대리석이나 원목 상판도 좋지만 친환경적인 집짓기를 실현하고픈 바람에 가공을 하지 않은 스테인리스를 들였다. 부엌 시스템은 대기업의 브랜드 제품이 아니라 가까운 지인을 통해 작은 업체에 각각 따로 주문, 제작했다. 애정을 기울인 만큼 만족스럽고, 무엇보다 가격이 맞춤이었다.

자발적인 노동자들

우리집은 아마도 이 책에 소개된 집들 가운데 시공비가 가장 적게 든 축일 텐데, 집짓기 전체 자금을 손에 쥐고 시작하기란 금액이 적든 크든 누구에게나 어렵다. 나의 경우엔, 친구로부터 꽤 많은 자금을 무담보로 빌릴 수 있었다. 애초에 이 친구들이 없었다면 집짓기는 꿈도 꾸지 못했으리라. 그러므로 나는 자신 있게 예비건축주들을 독려할 수 있다. 집을 꿈꾼다면, 스스로에게 솔직해질 필요가 있다. 자금은 촉박한데, 이것도 해야 하고 저것도 하고 싶다면 꿈을 이룰 수 없다. 진심으로 원한다면, 솔직하게 자신의 꿈과 대면하자. 공간을 줄이고 설계의 묘를 살린다. 값비싼 치장에 가치를 두지 말고 '내면의 갈망'에 무게를 싣자.

삶과 책의 하이브리드 '부킹하우스 2층'

p.224

계단을 따라 2층으로 오르는 길은 마치 책을 향한 파노라마 같다. 박공까지 뚫려 있는 수직 책장은 아름답고, 그곳에 담긴 책들과의 만남은 짜릿하다. 집이 곧 북카페이다. 하지만 '부킹'은(책 읽기) 그저 재밌기만 한 것은 아니다. 제아무리 책 사랑에 빠진 책마니아라 해도, 부킹은 어렵고 까다로운 만남이다. 의미 깊지만 불편한 친구인 책과의 접선을 매끄럽게 할 수 있도록 부킹하우스 2층은 지루함을 없애고 까다로움을 달랜다. 계단을 오르다 보면 어느새 책에 대한 두려움은 사그라지고 익숙한 애정이 그 자리를 대신한다. 2층 중간에 위치한 책장은 건축가 봉일범 교수의 트레이드마크가 되었다. 다 채워지지 않는 책장이 부킹할 친구들 더 데려오라고 다그치는 듯 느껴진다.

운동, 놀이, 만남의 하이브리드 '부킹하우스 3층'

p.226

다락은 복합 공간이다. 소파에서 음악을 듣고, 남한강이 한눈에 보이는 좌식 책상에서 글을 쓴다. 저녁이 되면 글러브를 끼고 무에타이를 즐긴다. 함께 모여 놀고 웃고 토론하고 생각에 잠긴다. 늘어진 나의 살들과 체질과 관성을 날려버릴 수 있는 공간이기도 하다. 오르락내리락으로 11킬로그램을 뺐다고 믿기지 않는 소리를 하는 둘째 조카가 가장 아끼는 공간이기도 하다. 부킹하우스의 모든 요소들이 하나가 되는 공간이며, 나남 없이 만나고 서로를 고양시킬 수 있는 공간이다.

집과 사람 이야기

이제 사람에 관한 이야기를 하려 한다. 나와 우리 가족은 집을 지으면서 참 많은 사람들과 만났다. '집'이란 오브제는 건축가나 시공사, 어쩌면 건축주 입장에서 봐도 '상품'이 분명하긴 한데, 그저 상품이라고 볼 수가 없다. 그것은 건축가를 '비즈니스맨'으로 치부하는 무지와 다르지 않을 것이다. 집을 만드는 과정은 사람과 관계를 맺는 과정이다. 천운이라 자부하는 바인데, 나는 부킹하우스를 지으며 만난 모든 이들에게 감동을 받았다. 실로 뭉클한 감정이었다. 솔직히, 이들을 만나기 전까지는 멋진 집에 대한 욕심이 그리 크지 않았다. 그저 평온하게 예산에 맞춰 입주하기만을 바랄 뿐이었다. 세상에서 가장 아름다운 집으로 만들 욕심도 없었고, 세련된 디자인을 꿈꾸지도 않았다. 그러나 막상 집을 짓는 이들을 만나니, 아니 부킹하우스를 지을 '주인공들'을 만나니 내 생각이 달라졌다. 나의 자세와 마음가짐이 달라졌다고 하면 더 정확할까…. 왜 그토록 부킹하우스에 애정을 쏟았는지 지금 생각해도 그저 고마울 따름이다. 그들은 그야말로 영혼까지 팔아 엮는 예술가들이었다. 집주인이 신경 쓰지 않는 작고 소소한 많은 것들을 다시 생각하고 고민하게 만들어주었을 뿐 아니라, 예술 작품을 사려면 예술을 이해해야 한다고 강요하는 것 같았다. 나는 그들에게 많은 것을 배웠다. 모두는 최선을 다해 일했고 그리고, 우리 가족에게 최상의 집을 선물해주었다. 내가 보기에, 부킹하우스를 짓는 그들에게 돈과 이익은 부차적인 문제인 것 같았다. 세상에 삭막해졌다고들 하고 다들 돈을 최고의 가치로 떠받든다는데, 그런 푸념과 한숨이 새삼 낯설어지는 계기였다.

열정적인 노력파

네이버 캐스트를 통해 만날 수 있는 건축가 봉일범 교수는 현재 국민대에서 학생들을 가르치고 있다. 대체로 건축가는 건축사무소를 운영하기 때문에 '소장님'이라는 호칭으로 부르는데, 봉 교수의 경우는 특별히 사무실을 운영하지 않고 학교에 적을 두고 있기에 '교수님'이라고 불렀다. 아, 아마 예비건축주들은 건축가를 찾을 때 건축사무소만을 검색하기 쉬운데 꼭 그러지 않아도 된다. 명망 있는 건축대학에서 설계 수업을 하는 분들에게 설계를 의뢰하는 것도 한 방법이라고 본다. 설계 수업을 진행하는 분들이 학교에 임용이 된 교수님일 수도 있고, 건축사무소를 운영하면서 수업을 하는 분들도 많다. 그러니 젊고 패기 넘치는 건축가와 즐겁게 작업하고 싶다면 건축대학 관련한 정보를 수소문해 보는 것도 좋겠다.

여하튼, 봉일범 교수는 참 매력적인 분이었다. 건축가와 만남을 갖는 것 자체에 기대해 한껏 부풀어 올랐는데, 만나보니 역시 좋은 인연이었다. 대단히 순박한 미소와 유순한 외모와 달리 눈빛은 도발적이고 강렬했다. '멋진 집이란 멋진 문화를 창조하는 공간'이라는 고집스런 의지도 내 꿈과 상통했다. 사진으로 멋지게 소개된 계단 책장은 사실 직접 보면 그리 낭만적으로 느껴지지 않는다. 멋진 문화를 가꿔가기란 단순히 예쁘고 세련된 재치로 이뤄지는 것이 아닐지니, 당연히 천장까지 뻗어 올라간 책장들은 불편한 쾌락의 측면을 지닌다. 하여, 우리집을 사진으로만 접한 이들조차 "좋다"와 "나쁘다"로 극명하게 나뉜다. 보통은 '좋다'와 '괜찮네'의 사이에 머무르게 마련이니, 호불호가 분명히 갈리는 디자인이라고 할 수 있겠다. 알고 깨우치는 자에게 더 많은 고민과 책무가 주어지는 것이 당연하니, 사실 책은 문화인으로서 권리이자 의무라고 생각한다. 이런 지점들에서 건축가 봉일범과 나는 의견일치를 보았다. "문화라는 게 결국 인간 감각의 미묘한 식별력을 충족시키기 위해 정교하게 다듬어져 왔겠지요. 집에서 그 가족만의 매우 작고 세밀한 영감들이 미묘하게 식별되어야 합니다." 봉 교수의 의견이다. 애초에 바라던 집의 상(象)이다.

왜 집을 짓느냐고 그에게 물어라!

p.224

간혹 선의를 의심하는 사람들도 있다. '업자는 업자일 뿐'이라는 선입견이 너무나 강해, 어디까지 믿어야 할지 갈팡질팡하다가 외려 복을 내몰게 되는 아쉬운 상황도 생길 수 있다. 나 또한 완전히 '아니었다'고 말하기 어렵다. 건축에 대한 무지 때문에 초기 견적서를 받아보고 시공사 실장과 차갑게 날을 세웠다. 무지한 건축주의 푸념 덕분에 그는 곧잘 밤을 지샜다. 하루하루 공사를 진행하다보니, 견적서와는 슬슬 딴판이 되어가고 있었다.
현장을 관장하는 위드하우징의 실장은 시공비 초과에 벌벌 떠는 나를 다독였다. "집을 짓다 보면, 집에 몰입이 돼요. 한 공정 한 공정 진행하면서 슬슬 견적서는 잊혀지는 거예요. 특히 작은 집을 지을 때 그렇습니다. 오늘 기초 콘크리트 버림공사에서도 애초에 5루베만 사용하기로 견적 내놓고, 이 동네 가장 먼저 들어서는 집이니 좀더 튼튼하게, 좀더 튼튼하게 하면서 들이붓다 보니 10루베를 썼네요. 혹시나 땅 속 습기가 염려되어 강관파이프 작업도 추가했네요. 앞으로 얼마나 더 견적보다 초과될지 알 수 없는 일이에요. 흔히 대형 공사일 경우 견적서와 실제 공사가 달라지기 쉽다고 생각하는데, 정반대랍니다. 작은 공사 현장일수록 순발력이 중요해요. 한끝 차이로 몇십 만원 차이가 날 수 있어요. 그렇다고 항상 손해 보고 지을 수는 없잖아요. 저도 회사를 운영하는 장삿꾼인 걸요…. 저도 솔직히 신경이 곤두서게 되지요. 그런데 또 며칠 짓다보면 '에이, 까짓거 더 쓰자' 하는 심정이 되어버려요."
공사가 진행될수록 나는 할 말이 없어졌다. 너무 꽉 짜인 금액으로 진행하니, 다음번에 집을 짓게 되면 다른 건 몰라도 시공비는 넉넉하게 잡을 테다, 다짐에 또 다짐을 하곤 했다. 목조주택 시공회사는 대형 건설사와 차원이 다르다. 최고급 주택을 지어주는 현장 책임자 역시 아직은 조립식 판넬 집에 산단다. 그러니 예비건축주들에게 첨언하고 싶다. 공정무역 커피만 마시지 말고, 건축주 또한 공정한 거래를 하려고 애써야 한다고. 내 손해만큼 상대의 손해도 억울한 법이라고….

놀라운 마에스트로

대통령상을 두 번이나 받은 자존심 강한 빌더. "밋밋한 집보다 어려운 집이 더 할만하다"는 우리집 대목수는 10대부터 집을 짓기 시작했다는 대단한 경력의 소유자였다. 그리고 대단한 학구파 공부벌레 목수다. 집에 관한 모든 사항을 꿰뚫고 거의 모든 공정에서 발생한 문제들을 바로 잡아나가는 대단한 실력파이기도 하다. 꼼꼼하고 정직한 시공과 인내심을 가진 그가 목조주택의 선진국에 태어났으면 아마도 마에스트로란 칭호를 받지 않았을까.

사람들과 나누며 살기

집이란 공간을 만드는 문제를 떠나 사람을 얻는 문제다. 때문에 집을 다 짓고 나면, 세련된 인테리어는 마누라의 얼굴처럼 잊혀지기 마련이지만, 고생한 사람들은 오랜 시간 남는다. 참 다양한 분들을 만났고 그들과 나눴고, 그들을 경청했다. 건축주의 의견은 최대한 줄이고, 집을 짓는 장인들의 선택을 최대로 존중했다. 덕분에 유행타지 않는 집, 언제 보아도 질리지 않는 집, 누가 봐도 자존심 강하고 개성 있는 집이 되었다. (물론 매우 주관적인 생각이지만!) 집을 얻는다는 것은 사람을 얻는 것이다. 상생의 의미를 배우는 데 집짓기는 매우 좋은 교재이며, 누구나 도전해 봄직한 기쁨이다. 요약컨대 집짓기란 나를 다시 탄생하게 하는 배움의 시간이었다.

고정관념을 뒤집어, 외부를 빛의 배경인 검은색으로, 내부를 색의 배경인 흰색으로 정했다. 아주 고요한 시골 동네라서 밤을 극복해보고자 하는 마음을 실은 기획이었다.

스무 필지의 단독주택 지구에 가장 먼저 들어선 집이다. 그러다보니 집을 시공하는 기간만큼 주변을 정리하고 터를 잡는 과정이 길었다. 아주 추운 날 시공이 잘못될까봐 집 전체를 천막으로 둘러칠 수 있을 정도로 작은 집이지만, 집이 작다고 시공 기간이 짧아지지는 않는다. 큰집이든 작은집이든, 모든 공정은 같다. 꼼꼼하게 잔손이 갈 곳이 많으니 외려 더 오래 걸릴지도 모르겠다.

장난감과 밥이 같이 어우러지는
1층 거실.

거실 맞은편 부엌과 식탁. 벤치형
의자는 수납장이자 공간을
느슨하게 구분하는 역할을 한다.

1

2

3

1, 2 2층 아이들방. 공부방은 구조목을 이용해 책상을 길게 배치했다.

3 제자가 그려준 부킹하우스의 낮과 밤

부킹하우스의 하이라이트 서가. 1층에서 다락까지 벽 전체가 서가이다. 가운데에 낸 창을 활용해 나의 작업 공간을 만들었고, 2층 복도 벽 또한 책꽂이 역할을 겸한다.

1 다락방. 다락을 이렇게 쓸모 있게 활용하게 될 줄 상상도 못했다.
한쪽은 가족의 공간, 맞은편은 고요하고 낮은 공부 공간으로,
남한강과 계단실을 동시에 내려다볼 수 있다.

2 하늘이 보이는 창으로 시선이 자유를 얻는다. 두툼한 천장벽은
단열 성능을 보장해준다.

2

3

4

5

3.4 다락방은 법적으로 실을 구분할 수 없기 때문에 움직이는 책장으로 일부 구획을 하면서 침구류 등을 넣는 수납장으로도 활용했다.

5 1층 끝에 아이들이 편하게 씻을 수 있도록 작은 세면실과 화장실을 두었다. 아주 작으면서 활용도가 높다.

부킹하우스 데크에 마실 온 동네
꼬마 손님들. 나누어 먹고 어울려
놀고, 같이 웃는다.

남한강 줄기와 동네를 한눈에
내려다보는 부킹하우스.

11

부산 양산

어른이 되는 길

역시 땅 찾기는 발품이 최고다. 인터넷이고 전화고 다 소용없고 일단 발걸음을 해보길 바란다. 내 생각에, 집짓기의 절반은 '땅'이다. 지금 생각해봐도 이 과정이 가장 오래 걸렸고, 어려웠고, 불안했다.

건축주	이성민
가족 구성	부부 + 자녀 2
건축가	김주원
시공사	토브
대지면적	209㎡ (63.3평)
건축면적	59.49㎡ (18평)
연면적	134.25㎡ (40.7평)
구조	2층+다락 / 목조
설계 기간	2개월
시공 기간	4개월
설계비	2,200만 원
전체 시공비	2억 원 (토목, 마당, 인입비 등 별도)

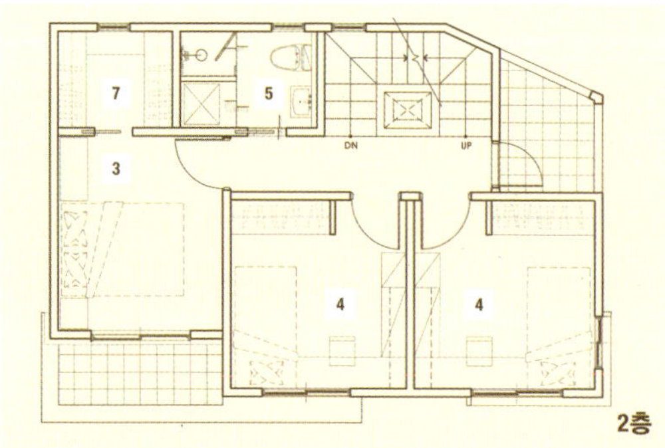

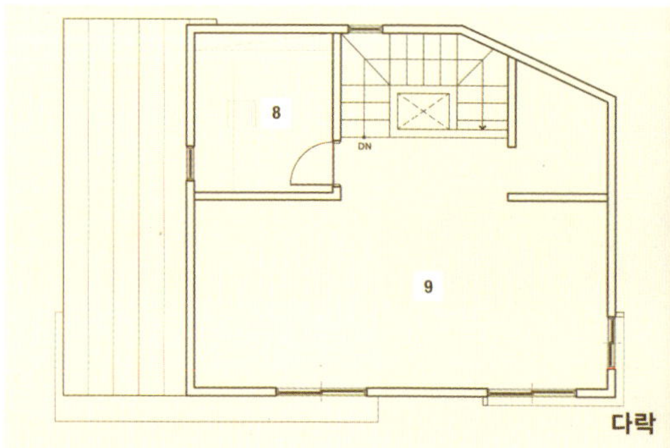

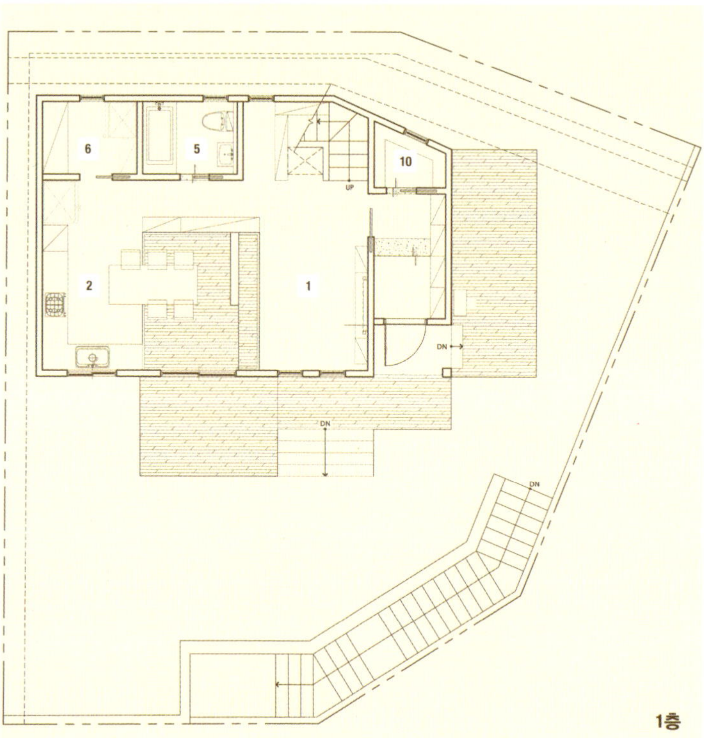

1. 거실
2. 부엌
3. 안방
4. 아이방
5. 화장실
6. 다용도실
7. 드레스룸
8. 서재
9. 놀이방
10. 창고

발 들여 놓기 – 선택

난 왜 아파트를 버리기로 선택했을까?

첫째, 엘리베이터. 아파트가 20층에서 25층 내외의 높이라면, 하나의 엘리베이터를 이용하는 가구 수는 40에서 50가구, 대략 150여 명 안팎이 작은 엘리베이터를 함께 오가면서 '이웃'이 되는 것이다. 이웃이 100명을 넘기니 참 살가운 공간이 될 법도 한데, 오르락내리락 하는 10여 초가 왜그리 머쓱한지.

둘째, 소음. 비오는 날이면 토닥토닥 빗방울 소리는 안 들려도 도로의 자동차 소리는 몇 배로 커진다. 여름철 창문이라도 열어두면 각종 굉음, 폭주족, 더불어 위층 부부가 티격태격하는 소리까지, 어느 날엔가는 아랫집 텔레비전에서 들리는 대화가 너무 선명하게 들려 깜짝 놀란 적이 있다!

셋째, 계절 변화에 둔감함. 이중, 삼중 창을 통해 바라보는 계절은 그저 늘 같았다. 앞동 사는 아저씨가 민소매에 반바지 입고 TV를 보면 여름이고, 밑에 체육복이 도톰해지면 가을이 지난다는 신호다. 외부 활동을 즐기는 편이었는데 왠지 점점 나들이가 피곤해지는 듯도 했다.

자리 잡기 – 땅 찾아 삼만리 1

2011년 3월. 한 권의 책을 보았고, 아내를 설득해 함께 땅을 보러 다니기 시작한 것이 3월부터다. 이곳은 부산. 처음에는 그간 익숙한 동네였던 화명동, 금곡동 일대를 알아봤지만 마땅한 곳을 찾기 어려웠다. 경매 검색도 열심히 했는데, 쉽지 않았다. 특히 화명동은 신시가지 아파트 밀집지역으로 일부 지역이 재개발을 기다리고 있어 택지를 구하기가 어려웠다.

그래서 눈을 돌리게 된 지역이 양산과 김해였다.

인터넷, 특히 관련 카페에서 김해 쪽 소식을 듣고, 나름 조사해봤지만 썩 내키지 않았다. 퇴근을 하고 김해로 들러 동네를 둘러보고 오는 날이면 어찌나 차가 막히는지 고생이 이만저만이 아니었다. 서서히 양산 쪽으로 눈을 돌렸다.

우선 양산은 직장과 거리도 괜찮다. 그러니 퇴근 후 자주 들러 동네를 보고 신중하게 땅을 살필 수 있다. 동료 선생님들 가운데 여러 분이 양산에 살고 있어 자문도 구할 수 있을 듯했다.

자리 잡기 – 땅 찾아 삼만리 2

역시 땅 찾기는 발품이 최고다. 인터넷이고 전화고 다 소용없고 일단 발걸음을 해보길 바란다. 내 생각에, 집짓기의 절반은 '땅'이다. 지금 생각해봐도 이 과정이 가장 오래 걸렸고, 어려웠고, 불안했다.
첫 부동산중개소에서 소개한 땅은 범어리 택지개발 지구였는데, 대부분 50~60여 평(약 8,000만 원 정도의 택지를 보았다)으로 크기가 적당했고 동네도 마음에 들었지만 처음에 소개받은 땅이 어딘지 앙상하고 추워 보이는 것이 마음에 들지 않았다. 한번 부동산에 발을 들이니 두 번째부터는 그리 어렵지 않았다. 동네를 둘러보다가 무작정 부동산 문을 열었다. 물금역 부근의 상리마을. 마을의 제일 높은 곳에 위치해 동네 풍경이 한눈에 들어오는 택지였다. 전망 하나는 끝내줬지만 대나무숲에 도시가스가 들어오지 않는 시골이었다.

자리 잡기 – 땅 찾아 삼만리 3

며칠 후 다시 양산을 찾았다. 직장과의 거리 때문에 물금읍 부근이 제일 적당했고, 가격도 괜찮았기 때문이다(평당 150~200 사이, 한 필지 60평 내외).
매물로 나온 몇 군데를 둘러보았다.
처음 소개받은 땅은 모퉁이로 뒤쪽은 사찰의 주차장, 왼쪽과 앞쪽은 도로(6m, 10m 폭), 마주보는 곳은 공용 놀이터. 오른쪽에만 집이 들어서 있어 앞, 뒤, 왼편으로 모두 뚫려 있는 셈이라 시원하게 느껴졌다. 전망도 좋았고 독립적인 공간이 보장되며 놀이터 앞이라 아이들에게는 안성맞춤이었다. 한눈에 반해버렸다. 그런데 이 땅도 나를 외면했다. (그런데 땅에는 다 임자가 있다는 어르신들의 말씀이 일리가 있다. 결국 우여곡절 끝에 이 땅은 나와 인연을 맺게 된다.)
다음 땅은 두 필지가 붙은 땅으로, 평당 170만 원 안팎. 맞은편에는 10미터 도로를 사이에 두고 어린이집과 어린이집 마당, 멀리 금정산 고당봉이 바라보여 전망도 굿. 무엇보다 나란히 붙은 두 필지가 마음에 들었다.
마침 친형이 가까운 곳에서 아파트에 살았는데, 아내도 형님댁과 나란히 살자 하니 흔쾌히 반긴다. 그러고 돌아와 하룻저녁에 벌써 집을 다 올렸다.
설계가 머릿속에 핑핑 돌고, 마당에 잔디를 심는 꿈까지 꾸었다.
상쾌한 다음날 아침.

자리 잡기 – 땅 찾아 삼만리 4

"주인이 팔지 않겠답니다. 더 오르는 것 같아 매물을 거두어들인답니다."
내가 완공을 앞둔 지금까지 이 땅은 비어 있는데, 거래가 되었는지 모르지만 정말 탐나는 땅이다. 여하튼, 그 뒤로 대여섯 차례를 더 헤매 다녔다. 그 사이에 봄이 가고 여름이 오더니 찌는 듯 복더위도 맞았다. 땅을 찾아다니면 다닐수록 집짓기와 나는 멀어지는 것 같았다.
그즈음, 카페를 통해 만난 인연이 구라맘, 웅마왕 부부이다. 구라맘은 나와 같은 직장, 웅마왕은 울 마나님과 같은 직장. 희한한 우연인지 필연적인 운명이었는지.
몇 번 술자리를 함께 했을 뿐인데, 단숨에 좋은 이웃이 될 거라 확신이 들었다. 이젠 두 집이 같이 범어리 일대를 뒤지고 다녔다. 이때 찾은 땅은 범어리 제일 꼭대기 라인, 그야말로 로열층이었다. 카페 주차장 옆에 붙어 있는 두 필지. 뻥 뚫린 전망에 양산 전체를 마당으로 삼은 땅이었다. 평당 200만 원.

중개소에 매입 의사를 전하고 연락을 기다렸다. 다음 날 계약을 하러 오라는 중개소의 전화. 드디어, 드디어, 드디어!

자리 잡기 – 땅 찾아 삼만리 5

중개소에 앉아 기다리는데, 계약이 이루어지기도 전에 중개업자는 복비부터 말을 꺼냈다. 웃돈을 얹어 달라는 것. 웃돈이고 뭐고 간에 일단 사기나 하자며 서두르니, 아뿔싸! 땅주인이 한 명이 아니다. 형제지간이 갖고 있는 땅인데, 이건 또 무슨 경우인지 아우되는 양반이 땅을 팔 의사가 없다는 것이다. 단호한 의사표명에 우린 아연해졌다. 도대체 이 중개업자는 뭘 믿고 이 땅을 소개한 건지, 무슨 확신으로 웃돈을 달라 했던 건지….
한두 군데 더 붙어 있는 필지를 찾았지만 마음에 안 차거나 인연이 닿지 않았다. 한 필지를 사서 두 채를 짓기에는 작게 느껴졌고, 결국 우리는 쿨하게(?) 헤어지기로 했다. 다음 집짓기를 기약하며….

자리 잡기 – 계약, 계약, 계약!

또 수 주가 흘렀다. 우린 이미 많이 지쳤다. 그날도 양산을 둘러보다 체념하며 길가에 앉아 하릴없이 모기를 쫓는 참인데, 지나던 승용차 한 대가 내 앞에 멈춰 선다. 맨 처음에 한눈에 반했던 그 땅을 소개했던 중개업소 사장님이다.
"아니, 여기서 뭐하세요? 아직도 땅 못 구했어요?"
"네, 사장님. 예전에 그 땅요. 아직 안 팔렸으면, 다시 알아볼 수 있을까요? 금액을 좀더…."
"그때가 언젠데 아직도 땅을 보고 다니시다니…. 알았어요. 빨리 한 번 알아볼게요."

그렇지만 그간의 경험으로 뭐 그다지 기대도 하지 않았다. 그때 안 팔겠다고 거둔 땅을 지금이라고 팔겠나. 다음날 부동산의 전화.

"평당 20만 원만 더 쳐주면 판답니다. 근데 아무래도 어렵겠죠?"

"아뇨! 20만 원 더 드릴게요. 그럼 그렇게 하자고요!"

7월 7일. 3월부터 시작했으니 거의 5개월 가까운 땅 찾아 삼만리가 막을 내리는 순간이었다.

자리 잡기 – 유의점

"자꾸 땅 본다고 돌아다니지 말아요. 아파트 단지와 달라서 동네에 금방 눈에 띕니다. 그럼 주인들이 땅값 올라간다고 안 팔아요. 기다리시면 내가 몇 달 안에 그 땅 꼭 구해 드릴 수 있어요."

중개업소 사장님의 조언이다. 우리가 헤매던 5개월간. 주인네들은 야금야금 시세를 올리던 중이었다.

밑그림 그리기 – 설계

건축가 김주원 소장을 만나기로 했다. 만나기 전에 성실한 건축주로서 '이력서'(?)를 잘 정리해 보내기도 했다. (여름방학 내내 여러 차례 설계에 대한 의견을 보내고 다시 그리기를 반복했지만 부실해 보이는 첫 메일대로 최종 결과가 나왔다는 것은 처음 생각이 중요하다는 것을 보여준다.)

7월 15일. 양산 현장에서 건축가와 첫 미팅을 했다. 설계, 인허가, 감리를 합한 금액이 총 2,000만 원(부가세 10%별도). 그중에서 에이닷 김주원 소장은 기본 설계만 담당한다고 했다. 이때 우리는 입주를 11월 말쯤으로 예상했다. 잘만 하면 10월 말에도 가능하지 않을까 살짝 기대를 하기도 했다. 8월 2일 기다리고 기다리던 첫 도면이 도착했다.

여름방학 동안 거의 1주일마다 새로운 도면을 받았다. 도면 작업이 어떻게 이루어지는지는 모르지만, 우리가 수정을 요구한 부분이 그다지 많지 않았음에도 2차, 3차 도면이 내려오는 시간이 너무 오래 걸리는 것 같았다. 세탁기가 1, 2층을 왔다 갔다 하거나 방 크기가 조금 달라지거나 창문이 추가되는 정도인데, 그리고 첫 미팅 때부터 얘기한 다락의 AV룸은 마지막 도면에까지 빠져 있었다. 소장이 여행을 다녀온 사이 직원들이 느슨하게 일을 진행한 건지, 일이 너무 많아져 감당하기 어려웠던 것인지는 알 수 없는 노릇이었으나 적잖이 언짢았다.
9월 4일. 건축사무소로 방문해 2차 미팅을 진행했다. 세부적인 내, 외부 인테리어 상담이었는데, 외장재 고르기가 만만치 않았다. 컬러 강판은 5년 정도면 색이 변하기 시작하고 징크는 20여 년 정도 지속된다고 하여 징크로 결정했다.

약속하기 – 시공사 계약과 인허가

땅을 계약할 때만 해도 이 땅이 나를 이토록이나 괴롭힐 줄은 상상도 못했다. 일단 땅이 도로에서 솟아 있는 형태였기 때문에, 대대적인 옹벽 공사를 감행해야 했다. 또한 뒤쪽에 있는 사찰의 주차장이 말썽을 부렸다. 기초공사를 하지 않은 채 자갈을 깔아 만든 주차장에서 비가 오면 물이 아래로 흘러내려 옆집에서도 큰 피해를 보고 있었다. 또한 일조권을 두고도 공방이 많았다.

p.242

시공은 애초에 '토브'와 진행하기로 어느 정도 마음을 먹었는데, 소규모 단독주택 작업을 진행하기 위해 서울에서 움직이는 작업팀들이 부산까지 내려오기가 어렵기 때문에 전라도 쪽에서 주로 활동하는 회사로 토브를 추천 받았기 때문이다. 토목공사는 토브와 별도로 진행됐지만, 그 우여곡절을 다

쓰자면 소설 한 권 분량이 나올 것 같아 간단히 정리하고자 한다.

토목과 기초공사에 관해 정리를 하자면,

첫째, 땅을 선택할 때 주위의 땅도 유심히 살펴야 한다. 우리집의 토목 공사만으로 안전을 확보할 수 있는지, 경계와 접한 땅이 위험요소를 안고 있으면 그 땅 주인과 협의해야 한다. 무엇보다 건축가와 설계를 진행한다면 땅 계약을 하기 전에 건축가에게 보이고 상담을 받는 것이 좋다.
둘째, 우리 동네에서는 법적으로 50cm 이상의 성토 및 절토를 할 경우 관할청에 허가를 받아야 했다. 지자체에 따라 다르게 적용되니 반드시 관할청에 확인하시길.
셋째, 실시설계 도면. 나의 경우는 일조권에 문제가 생겼다. 사실 건축법에서 가장 기본적인 사항인데, 옹벽을 높이 세우다보니 이런 상황에 부딪혔다. 일조권, 사선제한, 도로 확보 등은 가장 기본적인 사항들이니, 건축사무소에서 정확하게 판단하는 것이 당연하다. 그러나 실시설계대로 시공이 되지 않았을 경우 문제가 발생할 수 있다. 나의 경우는 특별한 경우였지만(토목공사, 시공사, 기본설계 건축가, 실시설계 및 감리 건축가 등 책임 영역이 너무 세분화되어 있었다), 아무튼 중요한 점은 '실시설계 도면'이 정확하면 차후에 책임 공방도 정확하게 드러난다. 유념하시길.
넷째, 공작물 축조 신고. 우리집의 경우 석축이 옹벽으로 바뀌는 상황이었는데, 이렇듯 형태를 변경할 경우 지자체에 따라 공작물 축조신고를 해야 하는 경우가 있다.

만들기와 꾸미기 – 골조공사와 내부 인테리어

앞쪽 과정에서 하도 어려움을 많이 겪으니 시공은 그나마 순조로웠다. 시공

p.244

과정은 간단히 사진과 사진 설명으로 이어가고자 한다. 간단히 중요한 점을 정리해보면,

첫째, 책임의 주체가 나뉘는 것은 좋지 않다. 즉, 단독주택 설계는 한 사무소에서 맡는 것이 좋다. 감리 또한 마찬가지. 경우에 따라 감리 계약을 하는 방법도 다르다고 한다. 회수로 나누어 하는 경우도 있고 기간으로 셈하기도 한다. 중요한 것은 건축사무소가 건축주에게 '설계비가 실제로 어디에 쓰이는지, 왜 그 정도의 비용이 드는지' 합리적으로 설명해주어야 한다는 점이다. 건축가 또는 그의 사무소 시스템을 유심히 관찰하자. 설계 자체는 창조적이고 예술적인 영역일지 몰라도, 집을 짓는 일은 무척 현실적인 비즈니스 관계를 따른다.

둘째, 위에 언급했듯 '도면'의 중요성을 알아야 한다. 시공사가 설계를 무시하거나 건축가가 구조와 시공의 중요성에 대해 지나치게 간과한다면 문제가 생길 수 있다. 어쩔 수 없이 생기는 갈등을 해결하는 것이 '도면'이다. 도면이 없거나 있어도 정확하지 않으면 누구의 잘못인지 따지기 어렵다.

셋째, 시공 날짜에 너무 얽매이지 말자. 지금 와서 생각해보면 참 부질없는 안달이었다. 한 달쯤 늦게 입주하면 어떠랴, 평생 살 집인데. 처음 생각엔 보관이사 같은 걸 하면 너무 불편하고 가재도구 등을 다 못쓰게 되어버릴까 걱정스럽겠지만, 그렇지 않다. 물론 애초에 이사 날짜를 여유롭게 잡으면 더 좋겠지만, 날짜에 몰린다면 마음 편하게 잠시 지낼 곳을 찾는 것이 더 큰 비용을 막는 길일 수 있다. 시공 과정을 서둘러 건축주에게 득될 게 없다.

p.243

넷째, 건축주가 할 수 있는 실제적인 감리는 마감 단계부터다. 그 전에는 감리자에게 정확함을 요구하는 수밖에 없다. 그러나 마감부터는 눈에 보인다. 하나하나 잘 챙겨야 후회가 없다.

다섯째, 집 자체만 염두에 두지 말고, 기본적인 모든 공사를 계산해야 한다.

마당에도 수도와 전기가 들어가야 한다면 모두 추가 공사비가 든다. 또한 데크의 면적이 넓다면 그 또한 무시할 수 없다. 집 앞뒤의 시설물도 건축주 본인이 직접 만들지 않을 바에야, 견적을 의뢰할 때부터 건축가와 시공사에 요구하고 금액을 타진해야 한다.

적응하기 – 이사

3일간 아내와 입주 청소를 하고 2012년 1월 17일, 이사했다.
2월 12일에는 나무들이 도착했다. 나무심기 역시 쉽지 않았다. 곡괭이도 없이 삽으로 땅을 팠으니 온몸에 근육통이 도졌다. 아직 날이 추워서 그런지 쉽게 잎이 돋지 않는다. 하루하루가 설레고 기다려진다.
결혼한 지 10여 년이 흘렀다. 결혼식날 어머니는 등을 토닥이며 말씀하셨다.
"이제 진짜 어른이 되는 기다. 사람은 장가가고 아를 놔봐야 어른이다. 나이 먹는다고 어른이 거저 되는 기 아이다."
맞는 말씀이다. 덧붙여 어른이 되는 길 하나가 더 있다면 집을 지어보는 것이 아닐까! 대학 다니면서 자취방을 일곱 번 옮겼다. 결혼하고 나서는 네 번 이사했다. 이제 진짜 우리집이다. 엄청난 일을 해낸 것도 아닌데, 정말 어른이 된 것 같다.
이사를 하고서 몇 번의 집들이를 했는지 모르겠다. 다락에는 화장지와 세제가 가득 쌓였다. 다들 부러워했다. 친구들은 궁금해 했다.
"평당 얼마인 거야? 지어보니 어때? 살아보니 어때? 나한테도 추천하겠냐?"
"글쎄…. 궁금하면 한번 지어보지 그래?"

경사가 심한 땅이라 토목공사에 굉장한 비용이 들었다. 토목공사와 본 건물 시공을 진행하는 회사가 달랐는데, 가능하면 한 곳에 의뢰하는 편이 좋을 것 같다. 직접 발주로 진행하지 않을 바에야, 책임자 한 명이 현장을 전체적으로 관할하는 편이 수월하다.

1층 거실과 식당을 구분없이 배치하되, 자작으로 대청마루의 느낌을 살렸다. 자연스럽게 소파가 사라졌고, 아직 어린 아이들이 엄마와 함께 책을 읽고 공부를 하기에 안성맞춤이다.

1, 2 2층 침실과 침실에 딸린 발코니

3, 4 아이들방

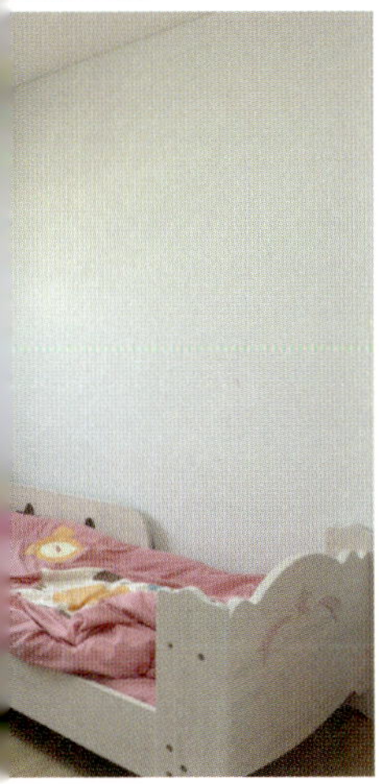

집의 뒷쪽. 데크와 발코니가 옥상
역할을 대신한다.

집의 구석구석들. 하얀 벽지와
자작나무로 마감한 실내, 두
아이가 사랑하는 무당벌레 조명,
서재겸 AV룸으로 꾸민 다락.

저녁 무렵의 풍경.

12

전북 완주

잠이 편안한 집이 진짜 집이다

건축가와 수시로 메일과 전화를 주고받았다. 단순히 방 몇 개에 거실, 다용도실 등을 구획해 집을 설계할 수 없다는 것을, 평면을 뛰어넘는 무척 소중한 가치들이 분명히 있고 소박한 단독주택이라 할지라도 그 의미를 담아낼 수 있다는 것을 알게 된, 정말로 중요한 경험이었다.

건축주	김세중, 김민주
가족 구성	부부 + 자녀 3
건축가	봉일범
시공사	하우징플러스
대지면적	407㎡ (123평)
건축면적	106.84㎡ (32.3평)
연면적	142.07㎡ (43평)
구조	2층 / 목조
설계 기간	6개월
시공 기간	2.5개월
설계비	2,500만 원
전체 시공비	2억 원

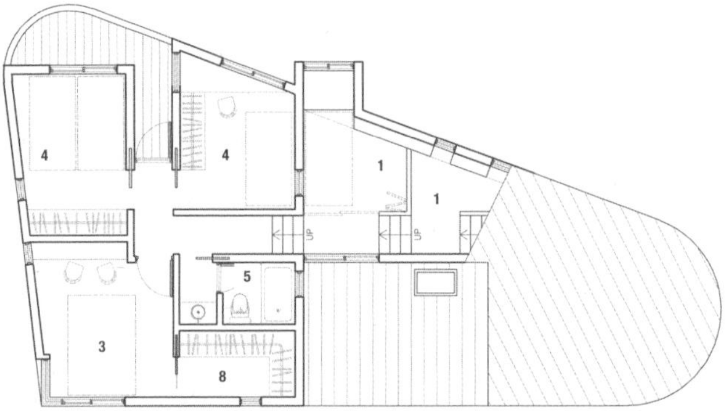

2층

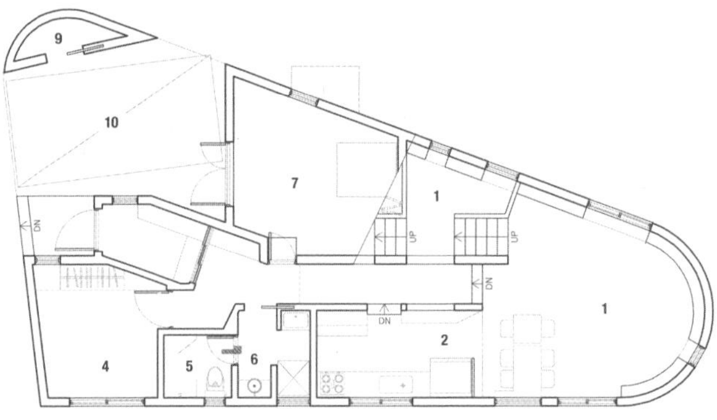

1층

1. 거실
2. 부엌
3. 안방
4. 방
5. 화장실
6. 세탁실
7. 다용도실
8. 드레스룸
9. 창고
10. 주차장

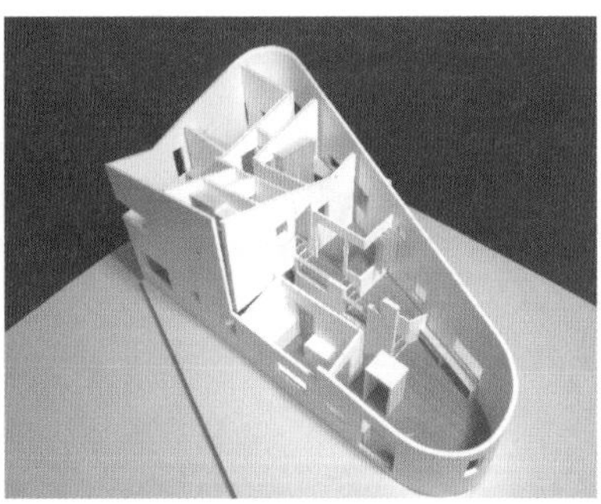

이 책 한 번 읽어볼래?

『두 남자의 집짓기』, 서점에 갔다가 우연찮게 접한 책이었다.

"마당이 있으면 애들이 정말 좋아하겠다."

그날 우리 부부는 마당에서 뛰놀던 어린 시절을 밤새 추억했다. 마음 한켠으로는 잠든 네 살 배기 딸과 두 돌을 갓 지난 아들에게 왠지 모를 안쓰러움을 느꼈다.

"아파트를 사는 데도 이 정도의 돈은 들 텐데…."

"에이, 우리한테 이만한 돈이 어디 있어?"

"어차피 아파트를 사도 대출 받아야 하잖아. 내년 2월이면 전세도 만기인 걸."

나는 무심코 말을 뱉었다. 그런데 내 가벼운 말에 남편은 며칠을 고심을 했었나보다. 며칠이 지난 어느 오후, 남편은 별안간 흥분한 목소리로 전화를 걸어왔다.

"정말 좋은 땅 찾았어. 전주랑 아주 가까운 '이서'야."

막상 나는 좀 당황스러웠다. 정말 땅을 구하러 다니는 줄은 꿈에도 몰랐다. 웬만한 지도 검색에서 나오지도 않는 땅을 남편은 마을 정자까지 찾아가서 동네 어르신들에게 직접 물어보고 다녔단다.

200평 남짓의 햇빛이 잘 드는 땅. 100미터 안팎에 작은 초등학교. 막상 동네를 가서 땅을 보고도 나는 선뜻 마음을 정하지 못했다. 전주 시내와는 아주 가까웠지만 지금의 편리함을 쉽게 버리지 못할 것 같았다.

땅을 구입하다

남편은 안달이 났다. 없는 돈에 계약금을 마련하고 마을 할머니의 소개로 땅 주인을 만나 계약을 하기로 했다. 그런데 어느새 중개업자가 끼어들어 땅값을 올리고 나섰다. 부산에서 올라온다던 땅주인은 우리와 중개입자 사이에서 이러지도 저러지도 못하고 있었다. 땅주인이 아들 친구라며 꼭 계약하게 해주겠다는 마을 할머니를 모시고 우리 부부는 고속버스터미널까지 갔다. 비가 내리는 오후였다. 땅주인이 도착하자마자 고색창연한 터미널 지하 다방에 자리를 잡았다. 남편은 웃돈 500만 원을 더 주고 그 자리에서 계약을 해버렸다. 대체 무슨 정신이었을까? 후다다닥 계약은 끝이 났고, 화가 난 중개업자를 피해 땅주인은 도망치듯 그 길로 다시 부산으로 내려갔다. 그야말로 첩보전을 방불케 하는 계약 작전(?)이었다.

건축가를 만나다

그 즈음 전주에도 땅콩집 바람이 불었다. 남편은 출근 도장 찍듯 여러 집 짓는 현장을 다니기 시작했다. 누가 보면 그 댁 주인이거나 시공업체 직원인 줄 알았을 게다. 매일매일 인터넷 카페의 모든 게시물을 정독하는 일도 잊지 않았다. 운영자처럼 종일 카페에 살았다.

10월 마지막 주, 봉일범 교수님이 전주까지 걸음하셨다. 예상 외로 순하고 푸근한 인상의 봉 교수님. "어떤 느낌의 집을 원하는지 생각해보세요. 집에 있으면서 행복한 순간이나 느낌, 공간 같은 것들을 구체적으로 그려보세요."

'어떤 공간이나 어떤 모양이 아니라 행복한 느낌을 이야기 해달라니….'

어려운 숙제를 받은 느낌이다. 생각지 못한 건축가의 숙제는 집에 대한 그간의 생각을 완전히 지우게 만들었다. 건축가와 상담을 한 뒤 오히려 우리 부부는 노트에 그렸던 여러 평면도들을 과감히 지워버리고, 마음 속, 기억 속, 꿈 속에 녹아 있던 '집'들을 끄집어내기 시작했다.

건축가와 수시로 메일과 전화를 주고받았다. 단순히 방 몇 개에 거실, 다용도실 등을 구획해 집을 설계할 수 없다는 것을, 평면을 뛰어넘는 무척 소중한 가치들이 분명히 있고 소박한 단독주택이라 할지라도 그 의미를

p.250

담아낼 수 있다는 것을 알게 된, 정말로 중요한 경험이었다.
한참이 흐른 뒤, 건축가는 네 개의 작은 모형과 함께 다시 우리와 만남을 가졌다. 그리고 오랜 고민과 상의 끝에, 복층 구조의 매우 독특한 디자인을 택하게 된다. 우리는 전답(80평)과 잡종지(120평)가 붙어 있는 두 필지를 매입했는데, 잡종지는 토지 형질 변경 비용이 발생하지 않아 세금 부담이 없었기 때문에 그 땅에만 집을 짓기로 결정했다. 집터가 약간 사다리꼴이어서 집도 약간 틀어보기로 했다. 황토방을 원했던 남편의 공간은 아쉽게도 없어졌지만, 게스트룸을 뺀 세 개의 방을 모두 2층으로 올려 후에 어머님과 함께 살 경우 불편함이 없도록 준비해두었다. 기본 콘셉트와 방 배치를 정한 다음에도 메일은 끊이지 않았다. 설계가 무엇인지 깨닫는 정말 흥미롭고 즐거운 경험이었다.

집을 짓다

p.259

3월 14일. 겨울 내내 오가던 이야기는 이제 현실이 되었다. 그 사이 우리 집엔 셋째 아이가 생겼다. 설계를 마치자마자 식구가 늘어난 것이다. 건축가는 축하와 함께 계단쪽 설계를 변경해 작은 방을 하나 더 만들어주었다. 아주 멋진 창과 함께.
집을 지으면서 가장 힘들었던 점은 의외로 주변의 지나친 관심(?)이었다. 시골동네다보니 현장 앞을 수시로 오가는 동네 어른들의 걱정과 한숨이 우리 부부보다 더 깊었다. "어이쿠, 집은 이렇게 지으면 못쓴다, 얼른 고쳐야 한다, 집이 망가진다…." 어르신들은 지치지도 않는지 하루가 멀다 하고 오셔서는 관심을 기울어주셨다. 어른들의 눈엔 역시 집이 이상하고 허술해 보였을 것이다. 이해 못하는 바가 아니니, 또 좋은 마음으로 애정을 표하는 것이니 싫다거나 무안을 줄 수도 없는 노릇이었다. 어른들의 의견에 꼬박 꼬박 고개를 끄덕이는 척하면서도, 우리는 건축가와 시공사의 의견을 충실히 따르면서 시공을 진행했다. 특히 하우징플러스의 현장소장님이 건축가와의 작업을 무척 성실하고 꼼꼼하게 실행해주었다. 물론 세심하게 공사를 챙기는 건축가의 애정이 있었으니 가능했던 일이다.

여느 집처럼 우리집도 약간의 설계 변경이 있었는데, 주방의 설계가 중간에 살짝 바뀌었다. 원래 나는 주방과 거실을 분리하고 싶었다. 그래서 구상한 방법이 두 개의 계단으로 높이차를 두는 것이었다. 그런데 막상 골조공사가 끝나고보니 주방 공간이 너무 협소해서 답답해 보였다. 다시 건축가와 고민을 하다가 계단을 없애고 거실과 주방을 높이를 맞추어 연결된 듯한 느낌을 살렸다. 별것 아닌 것 같았지만 막상 현장에서는 냉장고 위치 및 식탁 창 높이까지 변경해야 하는 큰 공사였다. 거실은 반원 모양으로, (목구조로 거실을 둥글게 만들었으니 시공이 여간 까다롭지 않았다.) 집을 구경 오는 분들의 호불호가 거실에 들어서는 순간 분명히 나뉜다. 모든 사람의 기호에 맞출 수 없는 것이 당연할 터. 그저 우리 가족에게 안성맞춤인 집을 위해 건축가와 시공사가 끝까지 고생해준 덕분이다.

이사온 지 일주일

p.262

사실 집을 짓는 기간 동안 나는 집에 신경을 쓸 힘이 없었다. 입덧으로 지치고 이사 오기 전 한 달간은 둘째 아이가 아파서 병원 신세를 져야 했다. 사정이 이러하니 집이 지어지는 과정을 보기도 쉽지 않았고 마지막 인테리어 공사 때도 거의 신경을 쓰지 못했다. 그래서 주부의 입장에서 약간 아쉬움도 남는다. 다른 것보다 이런 경험을 평생 두 번 하기 어려운데 그 시기를 꼼꼼하게 보지 못한 게 안타깝다. 큰 흠은 아니지만 거실과 계단이 이어지는 벽면에 책장이 모두 같은 크기여서 밋밋하기도 하고 크기가 작아 세 아이의 그림책들을 꽂기가 쉽지 않다. 또 하나 굳이 찾아내자면, 집이 일반적인 직사각형 모향이 아니라서 가구를 배치하는 데 어려움이 있다. 하지만 막상 살아보니, 집은 살면서 완성된다는 느낌이 새록새록 든다. 건축가가 아무리 멋진 집을 설계해도, 시공사가 아무리 튼튼하게 집을 지어줘도, 단독주택은 그 안에서 살아가는 집주인들이 가꾸고 보살피지 않으면 금방 향기를 잃는다.

이사 온 지 딱 일주일이 지났다. 아이들은 아침마다 일찌감치 마당으로 나가 햇빛 속에서 뛰어다니고 텃밭을 관찰한다. 특히 계단 옆 작은 놀이방들은 아이들에게 더할나위 없이 좋은 공간이다. 아, 그러고보니 일주일 동안 텔레비전과 인터넷을 연결하지 않았는데, 그조차 아예 잊고 지낸다. 컴퓨터와 TV 없이 이토록 불편하지 않다니, 아니 없는 것을 느끼지 않을 수 있다니 신기할 따름이다. 열심히 놀다보니 밥도 잘 먹고 잠도 잘 잔다, 우리 식구 모두. 밤이면 코가 막혀 킁킁거리며 잠을 설치던 큰 딸은 편안하게 잠을 잔다. 남편은 집 짓느라 피로가 쌓였다고 엄살을 피우다가도 아침에 일어나면 몸이 가볍고 개운하단다. 역시 잠이 보약이다. 잠이 잘 오는 집, 잠이 편안한 집이 진짜 집이다!

1

© 남궁선

2

3

1 조용한 시골 동네에 목조로, 독특한 모양으로 집이 들어서니 동네 어르신들이 하루가 멀다 하고 마실을 나오셨다. 집이 제대로 모양새를 갖추기 시작하자 그제야 어르신들은 한시름 놓은 듯 고개를 끄덕이며 감탄을 보내주셨다. 입주 직전의 모습.

2, 3 수자상 입구를 목재로 마감해 고급스러우면서도 따뜻한 느낌이다.

© 봉일범

목조로 집의 전체적인 곡선을 구현해내기가 정말 쉽지 않았다. 구조적인 안전과 가능한 비용, 이 두 측면을 놓치지 않고 시공사는 끝까지 완벽하게 설계를 실제 눈앞에 펼쳐보여 줬다.

외부에서는 단단하고 차갑게 보이는 반면, 실내는 다양한 창으로 들어오는 빛으로 밝고 아늑하다.

1

2 © 봉일범

3 © 남궁선

4 © 봉일범

5

1-4 1층은 손님방과 서재처럼 꾸며진 거실, 부엌과 식당, 보일러실과 세탁실을 겸한 다용도실을 배치했다.

5 거실의 창들은 대체로 가로가 긴 파노라마 스타일이다. 주변 풍경이 한 폭의 그림처럼 시야에 들어온다. 계단실은 열린 난간이 아닌 벽으로 구분했지만, 곳곳에 다양한 크기의 창을 두어 개방감을 높였다.

© 남궁선

© 남궁선

© 봉일범

© 남궁선

2층의 돌출창은 아이에게는 더할나위 없는 놀이터. 우리집의 가장 큰 매력으로 집의 독특한 곡선 라인(한 지인은 '우아한 그랜드피아노' 같다고 묘사했다)을 꼽기 쉬운데, 사실 외부 디자인이 집안에서 매순간 느껴지지는 않는다. 살아보니 우리집의 가장 큰 매력은 '창'이다. 시선이 닿는 곳마다 다양한 빛과 풍경을 즐길 수 있는 창들이 무척 마음에 든다.

2층 테라스에서 바라본 풍경

집의 전경과 측면들. 집의 이미지를 만들어내는 중요한 요소 가운데 하나는 조명이다. 외장재의 재질 색감과 잘 어울리는 빛을 고르려 애썼다.

© 남궁선

© 남궁선

13 일산 성석동 **끝까지 밀어붙이는 힘**

반드시 땅을 계약하기 전에 건축가를 만나길 바란다. 거꾸로 말하자면, 땅을 파악하지 못하는 건축가와는 작업하면 안 된다는 뜻이기도 하다. 건축가는 도면을 멋지게 그리는 사람이 아니다. 제반 관련법에 관한 지식과 땅의 문제를 예측하는 판단력이 건축가의 능력에 포함된다.

건축주	류창남
가족 구성	부부 + 자녀 2
건축가	서승모(사무소효자동)
시공사	하우징플러스
대지면적	293㎡ (88.8평)
건축면적	49.72㎡ (15평)
연면적	97.64㎡ (29.5평)
구조	2층+다락 / 목조
설계 기간	약 3개월
시공 기간	약 6개월
설계비	2,200만 원
전체 시공비	2억 3,000만 원

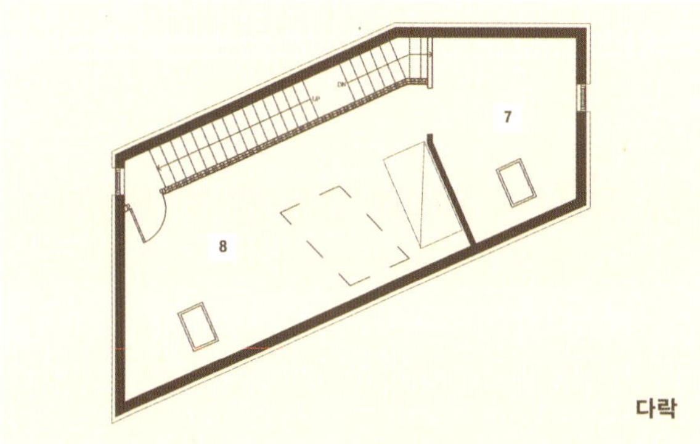

다락

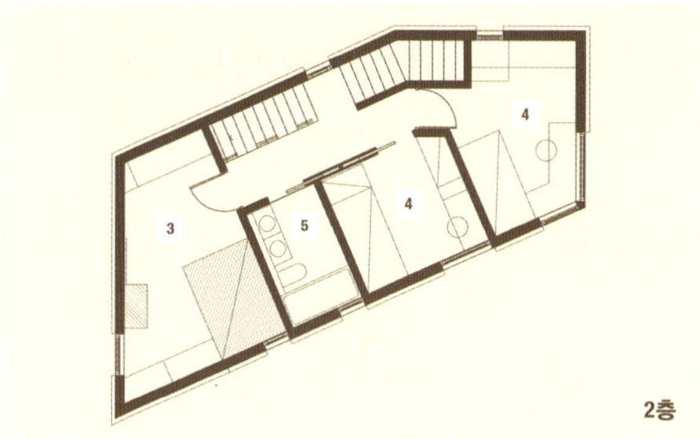

2층

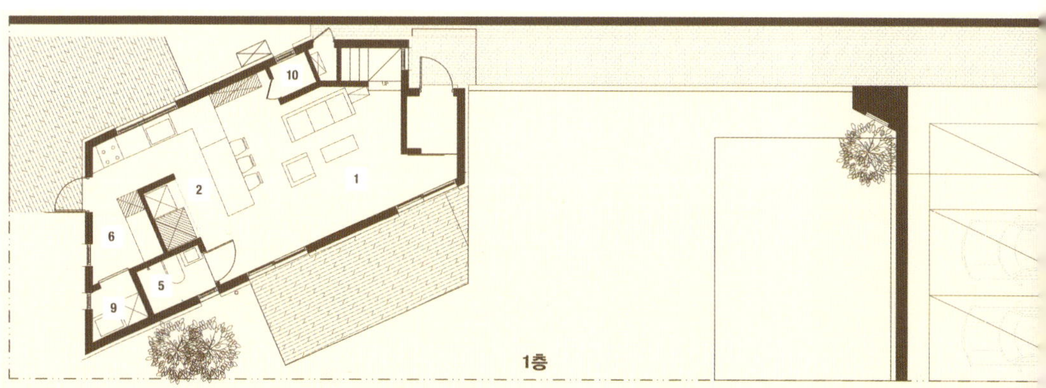

1층

1. 거실
2. 부엌
3. 안방
4. 아이방
5. 화장실
6. 다용도실
7. 드레스룸
8. 멀티룸
9. 세탁실
10. 창고

꿈을 시작하다

우연한 기회에 '단독주택 열풍'을 알게 되었다. 주말농장 재미에 푹 빠져 '한 뼘이라도 내 땅을 살 수 있다면 얼마나 좋을까' 하고 바라던 차였는데, 그저 땅이 아니라 '집을 짓는 사람들'이 있다는 것이다. 그리 비싸지 않은 서울 인근에 아직 시세가 그리 높지 않은 택지지구를 찾는 사람들이 점점 늘고 있었다. 처음엔 '우리 형편에 무슨….' 하면서 그저 눈요기만 했는데, 가만 보니 대체로 우리 형편과 크게 달라 보이지 않았다. 그때쯤 만난 땅이 일산 성석동. 십수 년 전에 시행사가 구입해 개발을 할 요량이었는데 기타 여건이 맞지 않아 그대로 남아 있는 필지였다.
물론 주변 여건과 상황이 백퍼센트 만족스런 땅은 아니었다. 편의시설이 아직 부족하고, 전원주택단지의 분위기가 강했다. 하지만 일단 시세가 감당할만했고, 조금만 나가면 일산 신도시의 인프라를 누릴 수 있는 곳이다. 우리는 결정을 내려야 했다. 무엇을 버리고 무엇을 택할 것인가. 어렵고 힘든 고민이었지만 결국 남편도 나도, 아파트의 편리함만을 택하기에는 땅에서 자란 추억이 너무 아쉬웠다.

꿈을 좇다

기존에 방송에 자주 등장했던 땅콩집 설계는 마음에 들지 않았다. 우선 우리는 듀플렉스로 지을 수 없는 형편이었고, 필지가 좁지 않은 편이라 굳이 높고 좁게 지을 필요가 없었다. 사무소효자동 서승모 소장을 그렇게 만나게 됐다. 여러 건축가의 포트폴리오를 검색했는데, 서승모 소장의 작업이 눈에 들어왔다. 화려하고 복잡하기보다 소박하고 간결했는데, 선이 얇으면서도 지나치게 예민하게 느껴지지 않았다. 나는 단아한 집을 원했다. 겉으로 드러내기보다 조용하고 정중한 집.

설계

2011년 여름 시작된 본격적인 집짓기는 이 글을 쓰는 지금도 여전히 진행 중이다. 마음이 급해 제대로 준비 과정을 거치지 않았기에 참 많은 시행착오를 거쳤고, 지금도 그 과정 중에 있다.

쉽지는 않았다. 외관이 특이한 만큼 포기해야 하는 것도 있었다. 아쉬움이 없다면 거짓말일 것이다. 하지만 포기한 대가로 또 다른 것을 얻을 수 있었는데, 예를 들면 앞마당을 조금 포기하는 대신 여름엔 시원한 그늘이 있는 뒤곁을 얻은 것이다. 또 집안에 아이들을 위한 이색적인 공간을 계획했지만 여러 현실적인 문제에 부딪혀 포기해야 했는데, 그 대신 자연을 그대로 받아들일 수 있는 공간을 얻었다. 세상살이 모든 선택은 하나의 장점과 하나의 단점을 전제한다.

설계도를 완성하기까지도 녹록치 않았는데, 평면이 결정되자 인테리어와의 전쟁이 시작됐다. 꿈꾸는 공간과 경제적인 상황 사이의 차이가 생각보다 컸다. 가상의 프로그램으로 지어진 집의 모습을 아무리 들여다봐도, 각각의 크기까지 자세히 적힌 평면, 입면도를 보고 또 봐도, 현실적으로 다가오지 않았다. 공간 자체가 완벽하게 체감이 안 되니, 그곳에 무엇을 두고 어떻게 가구를 배치할지 결정할 수 없음은 당연지사. 고비마다 건축가의 안내를 받으면서도 내내 '괜찮을까? 괜찮겠지' 불안과 초조의 연속이었다.

땅, 알아야 산다

1종주거구역, 2종주거구역, 계획관리지역 등 땅도 참 많은 분류가 있다. 우리가 산 땅은 대지에 비해 건축을 할 수 있는 건폐율(20%)과 용적율(20%)이 작아, 100평의 땅이 있어도 실제 공동도로분이 빠지면 건축면적을 최대한으로 잡아도 17평 정도밖에 지을 수 없었다. 또 주거전용구역이 아니었기에 허가도 새로 받아야 했고, 그 과정에서 인허가를 담당했던 곳에서 실수와 업무 과중으로 인허가에만 약 3개월을 허비해야 했다. 땅에 대해, 또 집을 짓기 위한 과정에 대해 제대로 알아보지 않고 결정했던 실수가 큰 부메랑이 되어 돌아왔고, 덕분에 집을 지을 수 있는 좋은 계절을 흘려보내야 했다. 또 주거전용구역이 아니었기에 개발부담금도 내야 했다. 우여곡절 끝에 건축인허가를 받았는데, 시공사를 결정하는 과정도 쉽지 않았다. 다섯 군데가 넘는 시공사의 견적을 받았다. 그 과정에서 좋은 인연도 만날 수 있었고 도움도 많이 받았다. 시공사의 견적은 우리의 예상 밖이었다. 처음 알았던 비용으로는 엄두도 낼 수 없었다.

돈, 알아야 짓는다

며칠 밤을 뒤채였다. 설계까지 마무리한 단계였는데, 다시 원점으로 돌아간 기분이었다. 하지만 기왕 지핀 불. 쉽사리 꺼지지 않았다. "끝까지 밀어붙이자." 우리 부부는 마음을 다잡았다.
시공사와 계속된 미팅 끝에, 합의점을 찾았다. 시공사가 손해를 보면서 공사할 수 없는 노릇이고 내가 지불하지 못할 금액을 약속할 수도 없었다. 서로 솔직하게 감당할 수 있는 마지노선을 하나하나 찾아 갔다. 그래서 건축주라면 '돈'을 잘 알아야 한다. 돈을 알아야 한다는 뜻은, 집을 짓는 공정별로 들어가는 비용의 정도가 어느 수준이어야 하는지, 그 비용의 수준이 담보할 수 있는 질적인 측면은 어느 정도인지를 대강 알아야 한다는 의미다. 요사이는 인터넷 검색으로 원자재의 단가도 쉽게 알 수 있고, 각종 물품을 직접 살 수 있는 인터넷 쇼핑몰도 있으니 최대한 자세히 알아봐야 한다. 시공사의 견적을 의심해서가 아니라, 건축주가 어느 정도의 정보를 갖고 있어야 시공사도 대화를 편하게 시작한다.
또 하나는 실문. 돈에 관련된 모든 것은 일일이 실문하자. 묻지 않으면 상대는 다 알거나 받아들였다고 생각한다. 잘 모르는 항목, 잘 모르는 비용, 뭉뚱그려지는 공사 과정에 대해 꼼꼼하게 질문하는 것도 건축주의 역할이다. 드디어, 공사 시작. 이런저런 사정으로 11월이 되어서야 첫 삽을 뜰 수 있었다.

고된 선택

11월에 시작한 공사가 3월인 지금도 끝나지 않았다. 추운 날을 피해 최대한 따뜻한 날을 골라 공사를 조금씩 진행해야 했고, 한 동네에서 네 채를 동시에 진행하니 더딘 측면도 있었다. 결국 모두에게 힘든 공사가 되어 버렸다.

내 탓도 없지 않다. 선택이 정말 어려웠다. 건축주가 선택해야 할 것이 이리 많은지 정말 몰랐다. 내가 빨리빨리 결정했더라면 더 빨리 공사를 마무리할 수도 있었을 텐데, 어느 하나 확신을 갖고 결정을 내리기가 거의 불가능했다. 몸보다 머리가 핑핑 돌 지경이었다. 시공사도 건축사무소도 건축주의 갈팡질팡으로 꽤나 시달렸을 터다.

철저한 계획 이외에 답이 없다

꿈을 꾸기는 참 쉽다. 꿈을 이루어 가는 과정은? 아, 이건 정말 다른 차원이다. 땅, 설계, 인허가, 시공, 마무리…. 이 모두가 돈이라는 굴레 안에서 진행되기에, 자금 계획부터 철저해야 하고 또한 각 지자체마다 조례가 다르기에 인허가 과정도 미리 알아보고 챙겨야 한다.

우리는 꿈을 꾸었고 그 꿈을 철저한 계획 없이 시작했다. 덕분에 숱한 시행착오를 경험했다. 집을 꿈꾸는 예비건축주들이라면 아래의 몇 가지를 기억하길 바란다. 조금이나마 도움이 될 수 있을까 하는 마음에 몇 자 적어본다.

p.276

1. 전원주택이 멋져 보여서, 마당 있는 집은 나의 로망

이런 꿈을 꾸는 분들이 많을 것이다. 그러나 편의시설(편리함)에 대한 미련을 모두 버릴 수 없다면, 자금 상황에 여유가 없다면, 다시 생각해보길 권한다. 우리는 자금도 충분치 않았고, 도심지에서 자가용으로 5~10분 거리이지만 대중교통을 이용하면 코앞의 시내가 한 시간도 넘게 걸릴 수 있는 위치에 자리 잡았다. 아직 어린 아이들도 더 힘들어질 수 있다. 그럼에도 확실한 목표가 있었기에 감행을 할 수 있었다. 이 정도의 각오 없이 뛰어든다면 후회투성이가 될 수 있다.

2. 땅에 대해 제대로 알자.

우리가 선택한 땅은 주위로 국유림과 논밭이 어우러져 있다. 그 대가로 인허가에 소중한 시간을 버려야 했고, 준공을 받고 개발부담금 또한 감당해야 했다. 운이 없다면 그 금액이 2,000만 원에 이를 수도 있다. 또한 주위에 군부대가 있다. 남편도 그곳에서 훈련을 받았었다는데, 오래 전 기억만 믿고 크게 문제가 안 될 거라고 생각했다. 지나고 보니 정기적으로 신병들의 수류탄 투척 훈련이 벌어진다. 견디기 어려운 소음은 아니지만, 아무래도 신경이 쓰이지 않는 것은 아니다. 또한 예상치 못한 도로 건설 문제로 앞으로 해당 지자체와 날을 세워야 하는 입장이다.

3. 설계와 감리

반드시 땅을 계약하기 전에 건축가를 만나길 바란다. 사실 허가 문제는 건축사무소에서 가장 빨리 파악한다. 거꾸로 말하자면, 땅을 파악하지 못하는 건축가와는 작업하면 안 된다는 뜻이기도 하다. 건축가는 도면을 멋지게 그리는 사람이 아니다. 제반 관련법에 관한 지식과 땅의 문제를 예측하는 판단력이 건축가의 능력에 포함된다. 염두에 두고 있는 땅이 있다면 먼저 건축가를 찾으시길! 또한 건축가와의 상담을 두려워하지 말라고 조언하고 싶다. 설계에 관한 구상이라면 솔직하게 털어놓아야 좋다. 건축가마다 자신만의 철학이 있고 스타일이 있다. 그리고 고집도 있다. 모든 것이 건축주와 맞아떨어진다면 더할 나위 없겠지만 그렇지 않을 수도 있다. 건축가의 의도를 묻고, 자신의 생각과 다르다면 솔직히 얘기해야 한다. 그것이 싫다면 내 의견을 끝까지 밀고 나가길 권한다. 물론 선택에 대한 책임까지 본인이 져야 하겠지만. 또한 설계를 할 때 '시공 예가'도 반드시 참조하길 바란다. 허황된 설계는 얼마든지 할 수 있다. 머릿속으로는 100억짜리 집도 지을 수 있다! 설계할 때 시공 예가를 상정하는 것은 건축가에게도 건축주에게도 필수이다.

그리고 가장 중요한 한 가지! 계약서를 작성할 때 모든 것을 확실히 할 것! 건축설계 내용뿐만 아니라 감리 일정, 감리가 책임지는 부분, 그에 대한 비용 할당 등에 관해 계약서에 명확히 해야 한다. 건축주가 아무리 꼼꼼하게 챙긴다고 해도 감리는 전문적인 영역이다. 시공사 또한 감리자가 정확히 일을 해야 갈등의 여지가 줄어든다.

4. 시공사

시공사의 시공 능력을 먼저 알아보길 바란다. 인터넷으로 찾으면 어디서 시공을 했는지 어떤 집을 지었는지 찾아볼 수 있다. 관리는 어떻게 하는지, 지불은 괜찮은지, 진행 중인 현장이 있다면 불시에 찾아가 확인하는 것도 도움이 될 것이다. 견적을 받아보고 상담을 받은 다음, 궁금한 모든 것을 가감 없이 물어보길 바란다. 답을 들어도 이해가 안 가는 부분도 분명 있을 것이다. 하지만 꼼꼼한 건축주에게는 시공사도 명확하게 응대하기 마련이다.

또한 자재가와 인건비는 정해져 있다. 시공사도 당연히 이윤이 없는 장사를 할 수는 없다. 무조건 깎지 말 것. 너무 공사비를 압박하면 당연히 질적인 측면을 조금씩 양보하게 된다. 싼 데는 다 이유가 있는 법이다. 특히나 기초와 골격을 이루는 구조목이나 단열재, 방습지 등 집의 기초가 되고 기둥이 되는 것들은 제대로 선택하자. 대신 내, 외장재와 인테리어에서 눈을 한 단계 낮추자.

5. 자금 계획

땅을 정리하고 상하수도, 정화조 등 건축 이외의 부대비용이 엄청나게 든다. 견적을 받을 때 반드시 시공사가 직접 토지를 보고 예상 토목비용 및 예상 추가비용이 얼마나 드는지 확인하고 포함해서 견적서를 받도록 하자. 시공사도 각각의 과정을 전문가들에게 맡긴다. 그들에게 지불해야 할 인건비 자재비가 원활하게 융통되지 않는다면 공사 중단과 함께 더 많은 비용이 들어가게 될 수도 있다.

우리의 꿈은 여전히 진행 중

우리는 아직 집을 짓고 있는 중이다. 이 원고가 책으로 발간되기 전에 입주를 하는 것이 목표이다. 사진 촬영은 입주 후에 할 수 있을 테니까. 10년 늙는다는 말, 빈말이 아니다. 하지만 여전히 후회는 없다. 집짓기에 대한 꿈은 누구나 꿀 수 있지만 누구나 실현할 수 있는 꿈은 아니다. '왜 굳이 집을 짓는가?'라는 질문에 대한 확고한 목표! 잊지 말기를 바란다.

1층 거실과 부엌. 부엌 안쪽으로 제법 넓게 세탁실과 다용도실을 두었다.

계단실의 모습. 나무를 활용한
열린 난간은 공간을 좀더 넓고
시원하게 해준다.

1

2

3

1 2층 아이방. 아이방 창을 통해 보이듯, 성석동은 전원주택지이다. 고요하고 상쾌한 공기를 즐길 수 있는 반면, 도시의 온갖 편의시설과 거리를 둘 수밖에 없다. 창밖으로 보이는 풍경은 그야말로 휴양지에 온 느낌.

2 안방

3 다락은 가족 모두가 자유롭게 활용하는 멀티룸.

14

광명 소하
하이하바를 찾다

나나와 코난이 사는 하이하바 같은 곳에서 살고 싶었다. 언덕을 내달려 집 문을 열어 젖히고 2층으로 후다닥 올라가 창문을 열면 바다가 보이는 섬, 하이하바, 평화로운 이상의 땅.

건축주	이은주
가족 구성	부부 + 자녀 3
건축가	서승모(사무소효자동)
시공사	뜰마루
대지면적	222.6㎡ (67.5평)
건축면적	95.72㎡ (29평)
연면적	208.29㎡ (63평)
구조	3층 / 목조(땅콩집)
설계 기간	3개월
시공 기간	4개월
설계비	2,200만 원
전체 시공비	약 3억 원(땅콩집 전체)

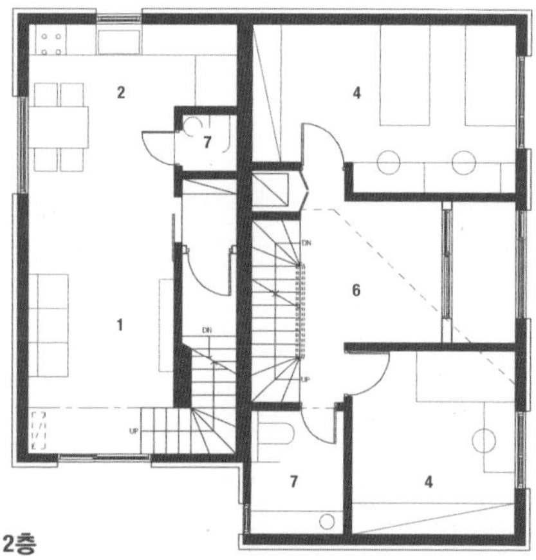

2층

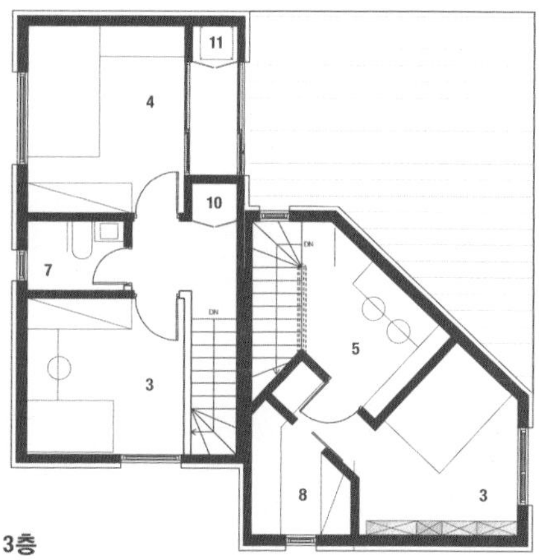

3층

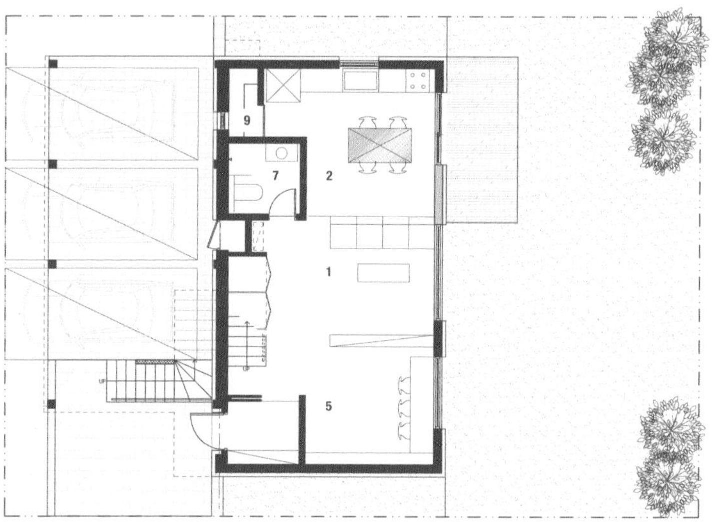

1층

1. 거실
2. 부엌
3. 안방
4. 아이방
5. 서재
6. 가족실
7. 화장실
8. 드레스룸
9. 다용도실
10. 창고
11. 보일러실

우리 가족의 '하이하바'를 찾다

우리는 맞벌이 부부다. 세 아이를 돌보면서 직장생활을 하는데 주된 주거와 활동 무대는 광명이다. 애초에 우리는 정원 때문에 단독주택을 꿈꾸었지만, 자연을 만끽하고자 직장에서 너무 먼 경기도 저편으로 터전을 옮긴다는 건 썩 내키지 않았다. 도시의 생활이 가능하면서도 작은 정원이 있는 집을 원하던 나는, 광명시 홈페이지를 꼼꼼하게 살펴 광명시의 주택계획과 토지개발계획을 알아보았다. 그러던 중 발견한 동네가 소하 택지개발지구. 주변의 아파트는 건설 중이었고 단독주택용지는 이름 그대로 잡초조차 없이 덩그러니 구획으로 나뉜 땅만 있었다. 미래의 예쁜 집과 정원을 상상하기에 아직 주변은 어둡고 삭막했지만 나는 실망하는 남편을 설득했다.
마침 주택공사에서 분양을 하고 있는 단독주택용지는 2009년 미국발 금융위기의 사태를 맞아 청약 경쟁률이 높을 것이라는 당초의 예상을 깨고 20개 정도의 택지가 하나, 둘씩 천천히 팔리는 상황이었다. 우리는 남은 택지 중에서 가장 가운데에 위치한 북향의 집을 골랐다. 몇 안 되는 남향은 이미 다 분양되고 없었다. 흔히 주택용지는 남향과 양쪽 코너를 선호하는데, 나는 양쪽 도로에 인접하지 않은 가운데 땅을 골랐다. 삶의 안식처가 자동차 소리나 시끄러운 소리들로 방해받아서는 안 된다는 생각이었다. 주변에선 북향이라고 다들 아쉽다고 했지만 나는 향의 문제는 설계로 극복할 수 있으리라 믿었다. 집을 북쪽에 짓고 정원을 남쪽에 두면 채광을 충분히 확보할 수 있을 거란 생각이었다.

땅을 구입한 후 우리 부부는 어떤 집을 지을지 상상놀이를 하며 근 2년 여의 시간을 보냈다. 틈틈이 건축박람회에 가고 집짓기와 관련된 기사나 자료들도 수집했다. 오랜 시간 공들인 고민들은 막상 건축가를 만나 상담을 받을 때 큰 도움이 됐다. 건축주가 어떤 집을 짓고 싶은지가 분명해야 건축가가 적합한 집의 이미지를 만들 수 있다. 집의 기본 골조는 콘크리트에 비교해 친환경적인 목조로 결정했다.

나의 마음을 읽는 건축가를 찾아라

내가 꿈꾸는 집은 모란과 작약, 나리꽃이 피어 있고 작은 우물이 있는, 견고하고 단단한 벽돌로 마감한 미술관 같은 집이었다. 그럼 내 마음을 읽을 줄 아는 건축가는 어떻게 찾을까?

건축가를 결정하기까지 나는 총 다섯 분의 관련 종사자들을 만났다. 그중 두 곳은 시공과 설계를 같이 하는 업체였고, 세 분은 건축가였다. 나의 경험을 일반화할 수 있을지 모르겠지만 결과를 정리하면, 설계와 시공을 함께하는 시공사는 대체로 집의 효율, 편리함을 중심으로 설계를 하는 경향이 있었다. 가족의 수와 비용을 듣고 보편적으로 선호하는 설계 평면을 쉽게 제시해준다. 반면, 건축가는 건축주가 어떤 집을 원하는지, 개인적 성격과 취미, 취향 등에 대해 더 구체적으로 들으려 한다. 물론 건축가 역시 비용에서 자유로울 수는 없다. 어떤 분은 내가 벽돌집을 짓고 싶다고 하자, "건축비가 많이 들어요"라며 부정적으로 답했다. 이에 반해 처음부터 가능한 예산범위를 먼저 묻고 생활패턴을 고려한 적당한 크기의 집을 제시하는 건축가도 있었다. 여러 차례의 설계 관련 미팅을 통해 우리는 '사무소효자동'이라는 설계사무소를 선택했다.

사람들은 묻는다. "설계를 꼭 건축가에게 의뢰해야 할까요?" 나는 "물론이지요. 설계는 꼭 건축가에게 맡기세요"라고 답한다. 설계는 평범한 건축주가 할 수 있는 영역이 아니다. 단지 외부에서 보여지는 디자인의 독창성만 가지고 따질 것이 아니다. 아주 작은 디테일과 보이지 않는 설비 등이 전체적인 디자인과 자연스럽게 조화를 이루어야 한다. 또한 대부분의 건축가는 설계와 감리를 동시에 계약하기 때문에 건축사무소에서 감리까지 철저하게 받을 수 있다는 점도 장점이다.
그런데 무엇보다 아쉬운 점은 목조주택의 성격과 특징을 잘 알고 설계와 감리를 할 수 있는 건축가가 국내에 아직 많지 않다는 것이다. 예를 들어 우리집은 목구조임에도 불구하고 비스듬한 평지붕인데, 시공사 미팅 때 박공지붕 형태가 아니라고 우려하는 시선도 있었다. 그렇지만 우리는 설계를 변경하지 않았다. 여기서 팁 하나! 잘 맞는 건축가를 만나는 일이 무엇보다 중요하다. 반드시 성격이 맞는 건축가를 찾자.

꼼꼼한 건축주, 시공의 세계와 만나다

p.294

집짓기 전체 과정을 돌아보면 기대한 것과 가장 달랐던 부분이 바로 시공이다. 인터넷으로 물건 사는 과정을 떠올려보자. 물건의 사양, 디자인, 가격을 꼼꼼히 보고 먼저 구입한 사람들의 후기까지 체크하면서 구입을 결정한다. 물건에 하자가 있거나 품질이 마음에 안 들면 환불이나 교환도 가능하다. 이런 소비 패턴이 익숙한 나에게 도면으로만 존재하는 집을 시공사와 한번에 계약하고 공사를 진행하기란 정말이지 어렵고 부담스러운 과정이었다. 다행히 시공자재들의 가격과 사양이 많이 공개되어 있는 편이라 초보 건축주라 하더라도 부지런히 조사하고 찾아보면 막연한 두려움은 어느 정도 극복할 수 있다. 그리고 대부분의 시공사가 인터넷 홈페이지나 블로그를 운영하기 때문에 이전의 실적들도 쉽게 볼 수 있다. 물론 주변에 선배 건축주들로부터 구체적인 시공 정보들을 얻는 것도 좋은 방법이다.
이제는 모두들 공감하겠지만, 목조주택이라 하더라도 한 달 만에 집을 짓는다는 결심은 무모하다. 나 또한 넉넉잡고 3개월 정도로 예상하고 이사 날짜를 잡았는데 부지런히 진행했어도 거의 4개월이 걸렸다.
예비건축주들에게 가장 당부하고 싶은 말이 있다면 '넉넉하게 시간 여유를 확보하라'는 것이다.

그럼 시공사 결정은 어떻게 이뤄졌을까? 우선 설계도면을 먼저 보내고 1차 견적서를 바탕으로 세 곳의 시공사와 만남을 가졌다. 우리 일정에 맞춰 집터에서 미팅을 진행한 회사도 있었고 우리가 직접 현장에 나가 시공하는 모습을 보면서 미팅을 하기도 했다. 최종적으로 가장 신뢰할 만한 견적서를 제시하고 금액에 대해 스스럼없이 의사소통이 되는 시공사를 선택했다. 보통은 건축사무소에서 추천하는 시공사를 많이 선택하는데, 우리는 다른 건축주가 추천을 해준 '뜰마루'로 결정했다. 시공사 소장님이 목조주택에 대한 경험과 지식이 많고 우리의 의견과 자신의 생각을 절충해서 좋은 방향으로 일을 진행하는 것이 무척 마음에 들었다.

내가 시공사 선정 과정에서 가장 이해가 안 된 부분은 바로 '견적서'이다. 우리가 미팅을 했던 세 개의 시공사 모두, 전체 건축비에서는 거의 차이가 없었다. 그런데 어떤 공정은 가격 차이가 크게 났다. 예를 들어 조적공사의 경우는 벽돌 값만 거의 몇백만 원이 차이가 났다. 아니, 같은 집을 짓는데 어떻게 회사마다 들어가는 벽돌의 수가 다르지? 나는 집에 벽돌이 들어갈 면적을 따져 실제로 몇 개가 필요한지 계산까지 해보았다! 뿐만 아니라 지붕의 징크의 수량도 제각각이라서 업체마다 공사비 산정이 너무도 달랐다. 다들 전문가일 텐데 왜 이런 일이 생길까? 아마도 설계도를 꼼꼼하게 분석하고 물량을 정확히 산출해 견적을 내기보다 총예산에 맞춰 대략 항목별로 나누어 분배를 하다 보니 이런 현상이 발생하는 듯 싶다. 아직 국내 소규모 단독주택 시공업계의 상황이 썩 좋지 못해서 그런 건지, 아니면 건축주가 더 전문적으로 요구를 하지 않아서인지 모르겠지만 초보 건축주가 꼼꼼하고 친절한 견적서를 받는 일은 쉽지 않았다.

전체 공사비에 관한 부분도 불만이다. 내가 받은 세 시공사의 1차 견적서의 공사비는 모두 내 예산을 초과했다. 그래서 나는 예산에 맞춰 수정해줄 것을 요구했고, 그렇게 해서 받은 2차 견적은 어느 정도 예산에 맞게 조정이 되었다. 건축주가 자신의 예산을 훨씬 넘어선 1차 견적서를 받으면 시작도 하기 전에 주눅이 들게 마련이다. 총 비용을 낮춰달라고 말하면서도 집이 무너지기라도 할 듯 마음이 초조하고 불안하다. 아직 땅을 파기도 전에 말이다!

내 집이지만 내 마음대로만 되지 않는 집

이상적인 것 같았던 설계는 시공 과정에서 문제점들이 조금씩, 느닷없이 그리고 꾸준히 발견된다. 일찍 발견하면 쉽게 수정할 수 있지만 주요 공정을 다 마친 뒤 발견하면 고칠 수 없는 것들도 종종 생긴다. 그래서 울컥한 마음에 매일 나가던 현장에 나가기 싫은 그런 날도 있었다. 내 집이지만 내 마음대로만 되지 않는 법. 그러니 예비건축주님들, 음료수나 간식만 챙기지 말고 도면과 실제를 힘닿는 데까지 노력해서 꼭 확인하길 바란다. 건축주가 건축에 대해 문외한이라도 할 일은 얼마든지 많다. 특히 배선, 창이 들어갈 부분, 독특한 실내를 설계했다면 꼼꼼히 보길 바란다. 그리고 현장을 방문했을 때 끊임없이 현장소장과 대화하자. 자꾸 이야기를 나누다보면 설계의 실수를 미리 발견하고 조언도 들을 수 있다. 그리고 크든 작든 사소하든 중요하든, 어찌됐든 약간의 설계 변경은 받아들여야 한다. 언짢아하거나 걱정할 필요가 없다. 예산이 부족해서 설계를 변경할 수도 있겠지만, 대체로는 현장에서 문제를 발견하고 건축가와 실시간으로 연락을 통해서 설계를 변경한다면 더 큰 우환을 미리 방지할 수 있다. 그리고 기존 설계보다 더 좋은 아이디어를 현장에서 발견하기도 하니 문제에 봉착했을 때 당황하지 말고 내안을 찾자.

또 하나의 문제는 바로 주변 이웃과의 관계이다. 우리는 택지개발지구 안에 정해진 땅에 집을 짓는데도 모든 것이 조심스러웠다. 현장에 이동화장실 설치, 인근주변에 소음과 먼지 발생 등으로 이웃과 갈등이 생길 수 있다. 민원을 해결할 때까지 공사가 중단되기도 하니 미리미리 이웃에게 양해도 구하고 공사현장이 지저분하게 방치되지 않도록 각별히 주의해야 한다. 개발지구가 아닌 일반 주택가라면 특히 유념하자.

멀고도 먼 준공의 길

건축법을 처음 접했을 때 나는 한동안 딴 세계에 온 듯한 착각에 빠졌다. 규제가 너무 많았다. 나무는 어떤 종류를 몇 그루 이상 심어야 하고 담장은 투시형으로 몇 미터 이상이면 안 된다, 실내 계단 높이도 이미 정해져서 주인이 살기에 괜찮다고 해도 법에 정해진 기준을 따라야 한다. 아마도 불법 건축물들이 너무 많기 때문에 하나 하나 많은 제약과 조례들이 만들어진 게 아닌가 싶다. 그래도 너무 많다.

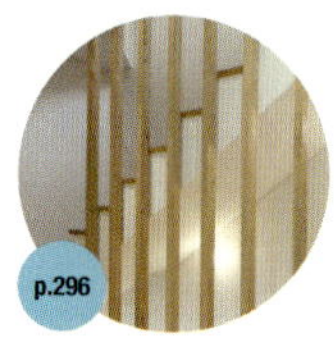
p.296

우리집 또한 이 엄격한 건축법에 발목이 잡혔다. 계단 높이가 법규보다 낮다는 이유였다. 설계를 담당한 건축사무소, 실시설계와 허가를 담당한 건축사무소 두 곳 모두 이 부분을 간과했다(나는 불가피한 이유로 기본설계와 실시설계를 분리해서 계약했다). 현장에선 정확하게 도면대로 시공했으니 시공의 문제는 아니었다. 큰 공사를 하지 않고 수정할 방법을 이리저리 찾아봤지만 결국에는 천정을 부분적으로 뜯어서 계단의 높이를 수정할 수밖에 없었다. 집짓는 전체 과정을 통틀어 가장 힘들고 고생스러운 순간이었다.

인상적인 순간들

집짓는 동안 정말 잊히지 않은 인상적인 순간을 두 번 경험했다. 첫 장면은 골조가 완성되던 날! 다른 분들은 골조만 서 있으면 집이 무척 작아 보인다고 하는데, 아담하고 소박한 작은 미술관 같은 집을 꿈꾸는 나에게 집이 너무 커보였다. 하지만 한편으로 이 거대한 구조체가 나무가 아니라 콘크리트였다면 어땠을까? 생각만 해도 아찔했다. 공사장 수 미터 전부터 풍겨 오는 우리 집 나무 냄새. 그때마다 기본 골조로 목재를 선택한 것은 잘한 일이라는 생각이 들었다. 두 번째로 집이 정말 집처럼 느껴지는 순간이 있었다. 바로 처음으로 조명을 켰을 때다. 마치 잠을 푹 자고 깨어난 갓난아기가 반짝 눈을 뜨는 것처럼 환하고 따뜻하게 집이 나에게 왔다. 거실은 거실로 주방은 주방으로. 새 숨을 얻은 집을 어루만지며 드디어 나도 안도할 수 있었다. '아! 이제 됐구나.'

평화로운 이상의 땅

p.293

우리 집은 땅콩집이다. 건물 안쪽이 우리 가족이 사는 곳이고 도로에 면한 주차장 위쪽 편이 임대를 한 이웃. 반드시 주차장이 필요했고 그러면서도 정원을 넓게 만들고 싶어서 주차장을 필로티 구조로 만들었다. 시공비는 조금 더 들었지만 살아보니 매우 만족스럽다.
우리 집은 북향인데 독특하게 주변 집들과 달리 정원을 집 안쪽, 그러니까 남쪽에 두었다. 정원을 도로 쪽으로 내면 시선을 차단하기 어렵고 정원의 아늑한 맛을 잃을 것 같아 건물을 북쪽, 정원은 남쪽으로 두었다. 작은 정원은 종일 햇볕이 가득하다. 의자를 놓고 잠을 청할 수도 있고 여름에 아이들이 미니풀을 즐기기도 한다. 정원 한켠에는 내 소망이었던 작은 우물도 만들었다. 하루키의 소설, 『상실의 시대』에 나오는 초원의 끝 어딘가에는 있다는 그 우물. 소설의 주인공들은 찾지 못했지만 나는 내 곁에 아예 우물을 만들어버렸다. 찾을 수 없다면 만들어서라도 내가 소망하는 것을 이루고 말리라. 삶에 대한 강한 의지, 집념의 상징이 이 우물이다.

일상이 길어 올리는 이상

p.292

매일아침 세 아이들을 학교에 데려다주고 나의 일을 시작한다. 아파트에 살든 단독주택에 살든 일상은 이어진다. 달라진 점을 꼽으라면 아이들이 학교에서 돌아오면 텔레비전 앞이 아니라 골목으로 달려 나간다는 점. 남편은 일요일 아침이면 일찍 일어나서 정원과 집 가꾸기에 여념이 없다는 것이다.

이제 한 계절을 보낸 우리 집 정원은 어떻게 변했을까? 파릇파릇했던 잔디는 초록이 무성해서 이제는 제법 자주 이발을 한다. 정원에 내려앉은 새들은 여린 새싹 중에서 유독 보리수만 쪼아 먹는다. 주로 봄에 열리는 딸기가 우리 집 정원에서는 여름에도 열린다. 꽃이 진 자리에는 반드시 열매가 맺힌다. 못생겼지만 시큼 달큼한 딸기는 달팽이가 먼저 차지한다. 오늘 달팽이는 빨간 딸기 똥을 누겠구나! 여간 부지런하지 않고서는 단독주택에서 살기 어렵다고들 하는데, 우리 가족은 요란스럽지 않게 금방 집과 친해졌다.

내가 꿈꾸었던 이상의 땅, 하이하바에서 반복되는 일상을 수선스럽지 않게 그렇지만 견고하게 살고 있다. 봄볕에 까맣게 그을린 아이들의 얼굴이 잠시 하얘지더니 늦여름 뙤약볕에 도로 새까맣다.

착공 전 들어간 자금	시공전 측량		89만 원
	고용, 산재 보험		186만 원
건축허가와 설계계약			2,200만 원
시공계약과 계약금			800만 원
기타 토목공사			3,900만 원
시공비 지급 백분율	1차 기초공사	10%	약 1,600만 원
	2차 골조공사	20%	약 3,500만 원
	3차 창호 및 외장공사	30%	약 5,000만 원
	4차 내장 및 지붕 공사	15%	약 2,500만 원
	5차 수장공사 및 외부	15%	약 2,500만 원
	잔금 준공후	10%	약 1,600만 원
기타 인입비와 설비비			1,700만 원
기본 내부 마감 외 인테리어			2,000만 원
이사비			105만 원
세금 및 기타			3,100만 원

집터가 북향이라서 정원을 도로 쪽으로 내면 시선을 차단하기 어렵고, 정원의 아늑한 맛을 잃을 것 같아 건물을 북쪽, 정원은 남쪽에 두었다. 조금이라도 더 넓게 마당을 쓰고 싶어 주차장을 필로티 구조로 만들었다. 시공비는 조금 더 들었지만 생활 면에서는 매우 만족한다.

우리집은 땅콩집이다. 건물의
오른쪽에 우리 가족이 살고,
주차장 위쪽 편이 임대동이다.
주차장은 철골로 골조를 세우고,
안쪽에 꼼꼼하게 내화 마감을
했다.

1 1층 거실에서 바라보이는 마당

2 동쪽에서 바라본 마당

3 2층 놀이방

1 3층 아빠의 서재.

2 2층의 ㄷ자형 복도는 아늑한 거실의 역할을 동시에 해낸다.

3 계단의 높이가 건축법에 맞지 않아 결국은 재시공을 해야 했다.

4 2층 가족 욕실. 좁은 공간을 자유롭게 쓰기 위해
스탠딩 샤워기를 설치했다.

임대동의 내부. 아직 입주 전이라
기본 마감만 마친 상태이다.

1

2

1 왼쪽 계단을 통해 임대동으로 출입할 수 있다. 출입문 옆으로 살짝 보이는 낮은 나무 문을 통해 안쪽 정원으로 들어갈 수 있다.

2 좁은 건축면적에 넓은 주차공간을 확보해야 했기에 필로티 구조로 설계했다. 덕분에 넓은 마당을 확보할 수 있어 대단히 만족스럽다.

아파트든 단독주택에 살든 일상은 이어진다. 달라진 점을 꼽으라면 아이들이 학교에서 돌아오면 골목과 정원을 누빈다는 점. 남편이 일요일이면 아침 일찍 일어나 정원과 집 가꾸기에 여념이 없다는 점. 우리 가족은 이렇게 요란스럽지 않게 서서히 집과 친해지고 있다.

15 분당 판교
직접 발주로 공사를 진행하다

나는 항간에 '직접 발주'라고 부르는 형태로 집을 시공했다. '직접 발주'는 건축주가 직접 시공을 진두지휘하는 방식을 뜻한다. 집을 지으며 그간 몰랐던 정말 많은 정보와 지식을 구할 수 있었으니, 어찌 보면 돈 안 내고 귀한 수업을 받은 셈이다.

건축주	심재록
가족 구성	부부 + 자녀 2
건축가	홍성천(엑토 건축)
시공사	세진 SCM
대지면적	239㎡ (72.3평)
건축면적	119.35㎡ (36.1평)
연면적	268.60㎡ (81평)
구조	지하 1층 + 지상 2층 / 목조
설계 기간	4개월
시공 기간	4개월
설계비	3,300만 원
전체 시공비	3억 1,500만 원

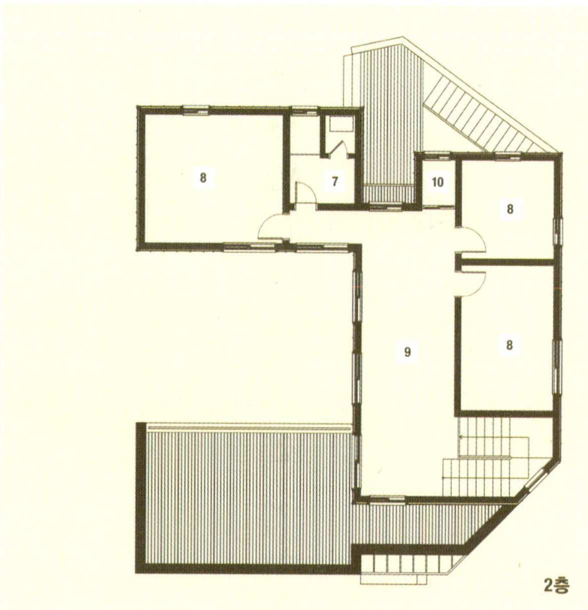

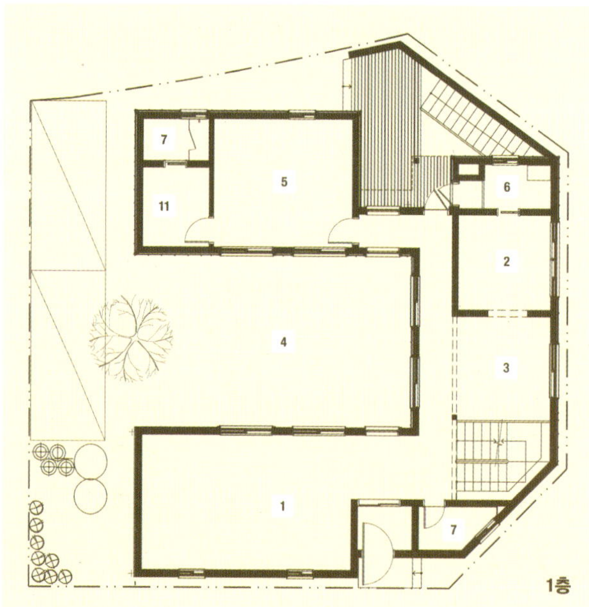

1. 거실
2. 부엌
3. 식당
4. 중정
5. 안방
6. 다용도실
7. 화장실
8. 방
9. 가족실
10. 탕비실
11. 드레스룸

직접 발주란?

단독주택을 지어 사는 사람들의 이야기를 책으로 만든다며 원고를 청탁받았을 때, 공사 막바지 작업이 한창이던 어느 날 목수팀장의 한 마디가 떠올랐다. "직접 시공의 전형을 보여주는 모델이세요!"
집짓기 어렵고 잘못하면 십년 늙는다는 속설을 수없이 들었으나, 성공하면 경제적인 부담을 줄일 수 있고 보람도 클 것이라 믿었기에 도전해보자 마음을 굳혔다. 말하자면, 나는 항간에 '직접 발주'라고 부르는 형태로 집을 시공한 것이다. 대체로 집을 지을 때는 건축가에게 설계를 의뢰하고 시공사를 선정해 시공 전체를 의뢰하지만, '직접 발주'는 건축주가 직접 시공을 진두지휘하는 방식을 뜻한다. 즉 시공 과정에 대한 전문가 수준의 지식을 갖추고 있거나 주변에 가까운 지인으로부터 믿을 만한 정보를 얻을 수 있을 때 도전해볼 수 있는 시공 형태인 것이다.
직접 발주 공사의 대략적인 방식은, 건축주가 건축 프로세스에 맞춰 각기 다른 외주 업체를 찾아가 견적을 받고 공사팀을 불러 작업을 진행한다. 모든 자재도 건축주가 자율적으로 구입해야 하기 때문에 수량과 단가를 정확하게 알고 진행해야 한다.
나는 2011년 4월부터 설계를 시작해 설계에만 장작 4개월이 걸렸다. 그리고 8월에 착공한 공사를 11월에 마쳤다. 그간의 경험과 인맥을 활용했음에도 기간을 단축하기에는 무리였고, 별다른 이유 없이 손해를 감수하며 서두르지 않고 싶기도 했다. 시공 분야에 워낙 관심이 많고 흥미를 갖고 있어, 고단하고 어려웠다기보다 '재미있었다'고 표현하는 쪽이 더 맞을 것 같다. 게다가 집을 지으며 그간 몰랐던 정말 많은 정보와 지식을 구할 수 있었으니, 어찌 보면 돈 안 내고 귀한 수업을 받은 셈이다. 입주 후 몇 개월간 친지들과 친구들에게 무의식중에 자랑도 일삼았으니, 간략하게나마 그 내역을 소개하려 한다.

이럴 바에야

처음 서판교에 부동산중개소를 운영하는 친구의 권유로 택지를 매입하게 되었다. 당시 판교신도시로 서울 전체가 부글부글 끓어오르던 중이었기에 친구는 한참 생색을 내기도 했었다. 솔직히 고백하자면, 땅을 매입할 때 딱히 집을 지으려고 했던 것은 아니다. 내심 시세 차익을 볼 수 있지 않을까 하는 기대가 컸던 것 같다. 그러나 나름 전문가라고 자부하던 사람들조차 한치 앞날을 내다보지 못했으니, 땅 매입 직후부터 부동산 경기 침체는 끝없이 곤두박질치기 시작했다. 다시 되팔려고 해봤자 선뜻 나서는 이도 없었고, 조금씩 중도금을 내다 결국 잔금까지 완불한 2011년 여름. '까짓거 이럴 바에야 나도 집 지어 살아보자!' 하는 엉뚱한 마음을 먹게 된다.
그때까지 살던 분당 빌라를 전세로 내어주고, 전세자금과 가지고 있던 현금으로 직접 시공을 계획하게 되었다. 물론 가장 큰 목적은 건축비를 최소화 하는 것. 평소 목조주택에 관심이 있어 인터넷을 뒤지고 건축박람회도 다녀보니 콘크리트보다 훨씬 친환경적이라는 생각이 들었다. 특히 나는 코가 예민해 건조한 곳을 견디지 못했다. 조금 건조하다 싶으면 숨쉬기가 곤란해지고 코골이가 무척 심해져 아침에 늘 피로를 느끼곤 했다. 목조주택이 습도 조절에 좋고 훨씬 덜 건조하다는 평가를 듣고 식구들의 반대를 무릅쓰고 결정을 했다.

계획

여러 군데 시공업체를 알아본 결과, (설계에 따라 천차만별이겠지만 시공사에서 평균적으로 시공하는 난이도로 예로 들면) 대체로 전체 공정을 책임지고 맡아서 진행할 때 평균 평당 600만 원에서 비싸게는 1,000만 원까지 제시를 했다. 50평 건축을 한다 해도 건축비만 3억에서 5억 원이란 의미인데, 도무지 감당하기 어려운 금액이었다. 좀더 저렴하게는 골조에서 내부마감 전까지,

그 다음에 외장재와 인테리어, 이렇게 공정을 절반으로 나누어 맡기는 '반축 공사'라는 방법도 있었다. 보통 시골의 전원주택에서 선호하는 방식으로 평당 400~500만 원 정도면 시공이 가능할 거라고 했다. 하지만 도심의 단독주택에는 아무래도 무리인 방식이었다. '전원주택'이라는 짜여진 틀 안에서만 움직여야 했고, 설계나 자재가 달라지면 그에 따라 작업자들이 반응하기에는 무리로 보였다.

최근 서판교 일대에 지어지는 단독주택 평균 건축비는 최소한 700만 원을 넘어선다. 화려하고 비싸게 지으려면 한도 끝도 없어 보였다. 감당할 수 있는 수준이 어느 정도인지를 명쾌하게 파악하고 정확하게 결단을 내려야 했다. 목표 건축비를 정하면 끝까지 맞춰보자, 마음먹었다. 애초엔 평당 300만 원에 맞추겠다는 계획을 잡고 이리저리 자문을 구했다. 돌아오는 결론은 "불가능하다"는 것. 다시 공정별 자재단가와 소요 수량 등을 체크했다. 그런 다음, '평당 400만 원 이내'로 목표를 설정했다.

사실 나는 시공 방면으로는 완벽한 초보였다. 아내는 걱정반 호기심반이었는데, 실제로 이리저리 자문을 구하고 모델하우스를 찾아가 상담을 받는 모습을 보며 내심 놀라는 눈치였다.

설계

설계는 엑토 건축의 대표 홍성천 건축가가 진행했다. 솔직히 설계가 그리 중요한지 몰랐는데, 운 좋게도 동창 중에 건축가가 있었던 것이다. 친구이자 건축가인 홍 소장은 내가 어딘가에서 얻어서 가져간 설계도를 보며 살포시 한숨을 내쉬었고, 차마 모른 체할 수 없었던지 "제대로 설계를 해보자"며 팔을 걷어붙이고 나서주었다. 일단은 나와 우리 가족의 생활과 원하는 방향에 관해 설명했고, 건축가는 집터로 몇 번이나 찾아와 주변 분위기와 지질 등을 조사했다. 건축가 덕택에 설계와 허가까지 무난하게 진행시킬 수 있었다. 우리집 설계는 기본적으로 '중정형'이다. 주변 집들이 모두 필지를 꽉 채워 지으니 너무 작게 짓기에는 어울리지도 않고 무리가 있었다. 게다가 나는 지하 공간을 사무실로 쓸 계획을 세우고 있던 터였다. 사무실에서 일하는 직원들도 있고, 원단 수출입 무역업을 하기 때문에 일정 정도의 창고겸 전시실이 필요했다. 두 아이도 다 자라, 각기 제법 짐들이 많았다. 제대로 갖춰진 각 방을 주어야 했다. 그러니 작은 단독주택으로는 무리가 있었다.

p.314

2011년 여름에서 가을 사이였으니, 그 즈음은 땅콩집 열풍으로 판교 일대도 떠들썩해지기 시작할 무렵이었다. 단독주택에는 꼭 '마당'이 있어야 한다고도 했고, '다락방'을 꼭 챙겨야 한다는 소문도 있었으나 우리 가족에게는 큰 매력이 없었다. 두 아이가 다 커버려 마당에서 공차고 뛰어놀 일도, 층고가 낮은 다락에서 놀이를 즐길 일도 없었기 때문이다. 나는 건축가에게 마당이 꼭 있어야 하냐고 재차 물었고 건축가는 마당의 개념과 의미에 대해 많은 이야기를 해주었다. 아래는 홍성천 건축가의 조언이다.

"특히 판교와 같은 신도시에서는 필지 구획에 의해 땅을 정비하고 지구단위계획에 의해 건축선과 배치, 형태에 대한 가이드라인을 제시하며, 담장까지 엄격하게 제한하기 때문에 개인적인 삶의 공간과 외부공간이 그대로 노출되기 쉽다. 그래서 무작정 마당을 만들면 불편한 점이 많을 것이다. 그러니 '중정형'으로 가자. 개인의 삶과 동네와 어우러진 일상이 큰 이격 없이 조화될 수 있을 것이다. 그리고 생활하는 데 꼭 필요한 수납과 작업 공간을 위해 후정(後庭)을 두자. 한 마디로 뒷마당이란 의미인데, 앞마당보다 노출에 덜 예민하고 사무실 공간으로 이용할 지하공간과 연계하는 공간으로 두어 가족의 생활과 자연스럽게 분리시키는 역할을

p.315

할 수 있다. 중정을 중심으로 구성된 ㄷ자 형태의 내부공간은 기능적으로 분절되는 동시에 외부공간인 마당과 통합된다. 중정으로 내부 깊숙이 빛을 끌어들이고, 중정의 스케일을 확보하기 위하여 남향의 매스를 1층으로 낮추고, 그 상부를 테라스로 만들자. 외장재는 ㄷ자형의 매스를 각각 나누어, 한쪽은 목재로 감싸고 나머지 두 방향은 처마가 튀어 나오지 않고 벽과 지붕이 일치하는 박공 형태의 징크로 마감하면 건축비를 절약하면서도 나무의 자연스런 느낌과 징크의 현대적인 분위기를 살릴 수 있을 것이다."
건축가에게 이야기를 들으며 나는 그 전에 갖고 있던 설계도를 당장 버렸다.

기초

시공에서 가장 중요한 요소는 무엇일까? 튼튼한 구조재? 자재 선택? 인테리어 디테일? 내 소견으로는, 시공에서 제일 중요한 부분은 '사람'이고, 가장 덜 중요한 부분도 '사람'이다. 단독주택, 그것도 목조주택 시공은 오직 '사람의 손과 정성'에 의해서 올려진다. 기계가 감당하는 부분이 (놀라울 정도로) 적다. 특히 목조팀장의 역할은 절대적이다. 팀장의 능력이 집의 품질과 공사비를 좌우한다고 해도 무방하다.
더군다나 나는 직접 발주 방식을 선택했기에 건축가와 건축가의 설계에 전적으로 의지하는 수밖에 없었다. 잘 모르겠으면 반드시 '설계 내용을 정확하게 묻고 진행하라'고 작업자들에게 수없이 반복해서 강조했다.
건축가는 주요 공정마다 현장에 들러 감리를 했고, 나는 현장소장의 역할을 해내야 했기에 한시도 현장을 떠나지 않았다.
솔직히 현장 작업자들은 늘상 해온 방식 그대로, 아는 만큼만 작업하려고 한다. 어쩌면 당연한 일이다. 그래야 속도도 빠르고 괜한 실수도 저지르지 않을 테니. 허여, 내가 작업 과정을 계속 눈여겨보며 건축가에게 수시로 전화해 확인하는 과정을 반복해야 했다.

처음 기초공사는 기초 콘크리트 공사팀을 수소문했다. 사무실용 공간으로 지하를 23평 규모로 설계했는데, 도로를 끼고 땅을 파야 했기에 혹시 모를 도로 침하를 예방하려고 철근을 박고 흙막이 공사까지 진행, 총 1,700만 원이 소요됐다. 만약 지하를 작게 만들고 도로공사 걱정을 덜어낼 수 있다면 흙막이 공사를 생략할 수 있고, 그렇게 되면 포클레인 기사를 불러 터파기 작업만 진행하면 되므로 훨씬 낮은 금액으로 기초공사를 진행할 수 있을 것이다. 참고로 대형 포클레인의 경우 하루 작업비가 40만 원 정도이고, 일반적인 규모의 단독주택이라면 하루 정도면 터파기 작업은 마무리할 수 있다(별도의 평탄화 작업을 하지 않고, 지질에 특이사항이 없을 경우).

p.316

흙막이 작업 후 지하 기초를 위한 철근 콘크리트 작업을 진행한다. 콘크리트는 헤베(제곱미터)를 기준으로 단가를 정하는데 보통 헤베 당 만 원이고, 철근은 톤을 단위로 하는데, 톤 당 만 원 정도이다. 철근은 중국산보다 다소 비싸더라도 국산으로, 그리고 설계도서에 나온 대로 정확한 굵기의 자재를 써야 한다. 콘크리트는 어디나 같은 제품을 쓰니 필요한 강도대로 주문을 하면 된다. 어디로 연락을 해야 할지 모른다는 분들이 많은데, 보통 주변 공사현장에 가보면 여기저기 스티커가 많이 붙어 있고 인터넷을 통해 정확한 단가를 다 찾아볼 수 있다. 가격은 어디나 비슷하니 현장에서 가까운 곳에 있는 기사를 부르는 편이 여러 모로 편하며 선금을 입금해야 공사 일정을 잡을 수 있다는 점이 중요하다. 기초팀을 부르면 그 다음부터는 쉽다. 기초 작업팀이 공사 일정을 꿰뚫고 있으니, 철근팀을 알아서 섭외해준다.

기초 지하옹벽 콘크리트를 굳히기 위해 1주일 정도를 기다렸다. 완벽하게 양생을 시킨 다음, 1층 바닥, 즉 지하층 천장 매트 콘크리트기초를 진행했다.

1층 바닥 역시 양생하는 데 1주일 정도가 소요됐다. 23평 지하층 공사에만 대략 7,000만 원 정도가 들었는데, 솔직히 특별히 지하가 꼭 필요한 경우가 아니라면 지하를 파지 말라고 권하고 싶다. 공사비가 만만찮고, 아무래도 하자 발생률도 높다. 흔한 단독주택의 하자 가운데 하나가 지하의 누수 문제인데, 한번 생기면 완벽하게 해결하기가 어렵다고 한다.

직접 발주를 진행하고 싶다면, 우선은 정확한 실시설계 도면을 갖고 있어야 한다. 그래야 작업자들과 의견을 교환할 수 있다. 건축주도 그렇겠지만, 작업자들 성향도 각 공정에 따라 제각각이니 갈등을 두려워하거나 지레 주눅이 든다면 애초에 직접 발주는 시도하지 말라고 권하고 싶다. 설계도를 움켜쥐고, 작업자들이 정확하게 지켜나가는지 확인 또 확인을 거듭해야 하자를 막을 수 있다.

터파기를 시작하면서 동시에 전기 설비 작업자에게 부탁해 임시 전기를 사용할 수 있도록 한전으로부터 승인을 받아야 한다. 또한 설비업자(설비란 주로 상하수도, 바닥 난방, 세면대와 변기 등 수전을 사용하는 공간 등)에게 자문을 구해 시청 수도과를 방문해 시설부담금을 내고 사용승인을 받아야 한다. 그런 다음, 허가를 가진 상하수도 공사업체에 의뢰해 터파기와 동시에 설비를 시공해야 한다. 그래야 공사 중 필요한 물과 전기를 공급받을 수 있고, 공사가 늦어지는 것을 방지할 수 있다. 또한 터파기할 때 미리 여러 배수관을 매설하지 않으면 나중에 포클레인을 다시 섭외해야 하므로, 준비와 일정 관리를 정확하게 해서 한번에 작업이 될 수 있도록 주의를 기울여야 한다. 이때 전기나 설비 작업자들이 좋은 자재를 쓰는지 확인한다.

골조공사

골조 목수팀은 다섯 명의 작업자가 투입됐고, 하루 총 인건비가 약 75만 원 정도였다. 주유비, 점심과 오후 새참은 별도로 보조했다. 우리집 공사를 진행한 목수팀은 다행히 서울 인근에 살고 있는 분들이라 출퇴근을 하며 작업했기에 따로 숙소를 제공하지는 않았는데, 지방일 경우에는 대부분 숙식을 건축주가 제공해야 한단다. 목조는 대부분 캐나다산을 사용했는데, 고급주택이든 중급주택이든 대부분 2등급 구조재를 쓴다. 그러니 캐나다산이든 미국산이든 골조 자재의 값은 크게 차이가 나지 않는다고 보면 된다. 목조 자재는 목수 팀장이 필요 물량을 계산해서 알려주면 인터넷에서 가격을 비교해 가까운 데서 주문을 했고, 총 4,000~5,000만 원 정도가 소요됐다(기타 방수포, 단열재 등 포함).

p.316

일단 1, 2층 골조는 굉장히 빠르게 진행되므로 진행 상황에 맞춰 외부 비계를 설치하는 동시에, 외벽 마감재와 지붕 마감재에 관한 내용도 건축가와 함께 다시 한번 확인하고 늦어지지 않도록 자재를 주문한다. 우리집은 설계 그대로 변경 없이, 알루미늄 징크로 지붕과 외벽 절반을 감싸고, 나머지는 나무로 마감하기로 했다.

비계 장비는 한 달을 단위로 대여해주므로 약 2개월 정도를 빌렸고, 설치는 기공 2인, 보조 1인으로 3명의 작업자가 진행했다.

외벽 가운데 목조로 마감하는 부분은 골조공사를 진행하던 팀이 그대로 진행하기로 해서 별 신경을 쓰지 않아도 됐는데, 징크 공사는 새로운 업자를 섭외해야 했다. 징크 시공의 경우 회사에 따라 자재가 차이가 무려 3배에 달했다. 나는 징크 시공을 전문으로 하는 대규모 업체를 만나 헤베당 5만 원으로 계약을 했는데, 외장재 시공가가 천차만별이니 주의 깊게 조사하기를 권한다. 1, 2층 골조와 내부 단열과 난방공사가 이어지고, 외부에서는 외부 방수공사와 창호 설치 작업이 이어진다.

골조와 단열, 난방공사까지 거의 40여 일의 시간이 필요했고, 인건비는 대략 4,000만 원 정도가 들었다. 젊고 패기 넘치는 목수들이 성실하게 시공을 해줘서 공기도 단축되고 하자가 거의 없다. 목수팀은 내부 석고보드 작업까지 진행하고, 벽지와 부엌 설비, 전기 설비, 외장 마감 등은 각각 다른 업체에서 진행했다. 전기는 대략 평당 11만 원 안팎이 들었고, 설비는 평당 9만 원 정도로 잡으면 될 것 같다. 연면적으로 계산하면 예산을 잡을 수 있으리라.

창호와 주방, 주차장과 조경

p.316

창호는 배달되기까지 최소한 2주 정도가 필요하니, 미리 주문해야 한다. 나는 고르기 편하고 상품이 다양해서 LG의 하이샤시 2중창으로 결정했다. 곳곳에 창을 두어 1,500만 원 정도가 들었다. 시스템 창호를 선택한다면 대략 4,000~5,000만 원 정도를 예상해야 한다. 성능 차이가 분명 있을 터이나 감당할 수 있는 범위를 넘어서 그냥 2중창으로 만족해야 했다. 그랬더니 11월에 입주하고 겨울을 나는데 창틀 사이로 바람이 새들어와 살짝 소극적인 보수공사를 진행했는데, 테이프로 틈새를 막는 작업을 하느라 10만 원 정도가 추가로 들었다. 그럭저럭 가격대비 만족할만하다. 주방은 브랜드 제품의 경우 대략 1,300만 원에서 2,000만 원 이상까지 예상해야 하는데, 국내 중소기업의 제품으로 맞출 경우 거의 20% 수준으로 낮출 수 있다. 물론 품질의 차이는 있다. 경첩, 문짝의 두께, 재질의 차이가 있는데, 중소기업 제품도 금액이 좀 올라가면 대기업 못지않은 품질을 만들어낼 수 있으니 중소기업에 대한 선입견을 버리고 상담을 받길 권한다. 주차장과 마당 조경에 총 300만 원 정도가 들었다. 우선 마당 일부에 뿌릴 잔디 씨를 인터넷에서 5만 원에 구입했고, 양재동 꽃시장에서 회양목, 사철나무 등을 사다 직접 심었다. 이웃의 마당들을 요모조모 돌아보고 회양목과 사철나무, 측백나무와 주목을 구입했다. 사철나무는 1,000원, 회양목은 1,500원으로 셈해 각 30그루, 측백나무는 1만 원짜리 3그루를 사서 심었다. 수천 만원짜리 조경이 부럽지 않을 정도로 만족한다.

결론

그 외 알미늄 계단 난간, 조명 등 비용이 추가로 들었다. 총 시공 기간은 80일 정도 걸렸다. 남들 얘기인 줄만 알던 단독주택 생활을 해보니, 정말 일상이 달라졌다는 걸 몸이 먼저 안다.

일단 주말에 TV 앞에 앉을 겨를이 없다. 마당에 나가 텃밭을 돌보고, 나무를 심는다. 처음엔 어렵고 낯설더니 이제 슬슬 재미도 붙고 실력도 늘었다.

아파트처럼 위아래 집 신경 쓸 필요없고 사생활이 완전하게 보장되니 마음이 편하다. 딱 한 번 대판 부부싸움을 했는데, 집으로 돌아온 딸의 한 마디. "아빠, 밖에선 정말 하나도 안 들려요. 맘껏 하세요!"

그 한 마디로 기분 좋아져 부부싸움은 바로 끝났다.

한 가지 예상하지 못한 실수는 2층 화장실이 1층 안방 층고와 일부 겹치고 하수 배관을 벽체 안에 두어 화장실 소리와 물 흐르는 소리가 미세하게 들린다는 것. 2층 화장실 바닥공사를 할 때 층간소음에 주의를 기울이지 못한 것이다. 초보가 완벽할 수는 없었으리라 스스로 위로하는 수밖에.

총 건축비는 평당 약 380만 원 정도가 들었다. 만일 지하를 만들지 않는다면 평당 330만 원 선에 맞출 수 있을 것 같다. 절약의 주요 요인은, 시스템 에어컨과 시스템 창호, 대기업 유명 브랜드 부엌을 맞추지 않았다는 데 있다. 거의 인테리어에 해당하는 영역이다(창호는 좀 다를 수 있겠지만). 말하자면, 건축비의 차이는 기초나 골조가 아닌, 마감재와 인테리어에서 벌어진다는 뜻이다.

p.317

벽지는 구경도 할겸 동대문 방산시장을 찾아가 골랐고, 벽지를 판매하는 대리점에서 도배 작업자들을 소개해주었다. 마루는 강화마루를, 현관문은 40만 원 상당의 일반적인 수준의 방화문을 선택했다. 화장실 변기와 도기류는 모두 국산 대림의 제품들로 구매했다. 각종 타일들은 인터넷으로 검색해 한 곳에서 일괄 구입한 다음, 작업자들을 따로 소개 받아 작업 일정을 조율했다.

결론적으로, 예비건축주 분들께 꼭 전하고 싶은 한 마디는 "제발 평당 공사비의 개념을 버리고 접근하자"는 것이다. 그보다는 총 목표 금액을 정하고 거기에 맞춰 선택을 해나가는 것이 수월하고 현실적이다.

나는 직접 발주 형태로 시공을 하다보니, 건축기간 내내 하루도 빠지지 않고 아침부터 저녁까지 작업자들과 함께 했다. 현장에서 즉시 문제를 해결하고 결정하니 처음엔 낯설게 느끼던 작업자들도 오히려 편하게 느꼈다.

결론은? 사전에 준비를 철저히 하고 공부를 좀 열심히 한다면, 그리고 최소한 3개월 정도를 현장에서 지낼 수 있다면 '직접 발주'도 고려해 볼만하다는 것이다.

ㄷ자 모양의 중정형 설계로 안쪽 깊이 마당을 두었다.

외장재로 나무를 사용해 자연스러움을 살리고자 했고, 지붕에 태양열집열판을 설치했다. 태양열에너지 설비는 정부에서 설치비 일부를 지원해주는데, 시공업체와 방법, 집의 열효율 등을 잘 따져서 결정해야 한다.

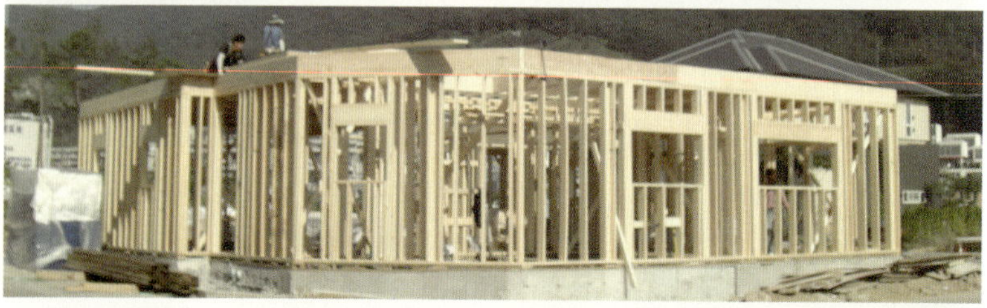

판교 단독주택들은 대체로 필지를 다 채워 짓는 경우가 많다. 나 또한 지하에 사무실이 필요했기 때문에 건축면적이 제법 넓었다. 지하공사는 지층에서 올라오는 습기를 차단하는 것이 관건인데, 예상만큼 비용도 많이 들고 어려움도 많다.

창호는 저렴한 하이샤시 2중창으로 선택했다. 창호는 제품 수준 별로 가격대 차이가 크다.

1 부엌의 싱크대는 가장 일반적인 하이그로시 스타일로, 중소기업에 직접 발주해 저렴하게 구입했다.

2 거실과 부엌 모두 천장으로 구조목을 노출시켜 공간감과 멋스러운 느낌을 살리고자 했다.

1

2

3

1 중정형은 집안 깊숙이 빛을 끌어들이는 데 효과적이다.

2, 3 2층 두 아이방. 다락을 만들지 않고 경사지붕을 그대로 살리는 마감으로 개방감을 더했다.

저녁 무렵 현관.

건축가 소개

홍성천

archival@nate.com

서울시립대 건축공학과 및 대학원을 졸업하고 건축문화 설계사무소에서 11년 동안 재직하였으며, 2001년부터 엑토건축을 운영하고 있다. 2002년부터 K12 건축학교 교장으로서 어린이와 청소년들을 위한 건축교육 활동을 지속적으로 진행하고 있으며, 『건축가와 함께하는 어린이 건축교실 프로그램』(공저)을 저술했다. 대표작품으로 서울시립대 조형관, 나남수목원 인포센터 및 카페테리아, 판교 S주택, 한강공원 플로팅 카페(13동), 상암동 J 빌딩 등이 있다.

문훈

dollshoii@naver.com

건축에 대한 기본적인 생각은 '즐거운 마음으로 재미있는 건축을 하자'이다. 이것은 '건축이 아니다'라는 생각보다는, '이 또한 건축이 될 수 있다'는 열린 마음을 가지려 하고, 건축과 여러 장르의 예술, 인문 분야 사이에 경계를 두지 않으려 한다. 강원도 정선에 위치한 '락있수다' 펜션과, 양평의 주택인 '에스마할', 그리고 부티크 숍 '옹달샘' 등의 주요 작업은 국내외의 다양한 매체에 소개되었다. 현재는 단독주택 몇 채를 '잼난집-playhouse'라는 개념으로 진행 중이다. 매년 단체 혹은 개인으로 미술 및 건축전시에 참여하고 있으며, 다양한 방식으로 소통하는 건축을 위해 신나게 달리고 있다. 2001년 33세의 나이로 '문훈발전소'라는 이름을 건 설계사무실을 열었다. 묵동다세대 주택을 비롯해 여러 다세대 주택설계와 감리를 하던 중, '상상사진관'과 현대고등학교라는 비교적 큰 프로젝트를 다루게 되었고, 2005년에는 상상사진관으로 건축가협회상을 받았다.

봉일범

ibong@kookmin.ac.kr

서울대학교와 하버드 디자인대학원에서 공부하고 건축사무소 공간에 근무하였으며, 현재 국민대학교 건축학부에 교수로 적을 두고 있다. 『건축-지어지지 않은 20세기』 연작 10권을 저술했고, 건축가 30대의 꿈(2008), 공적공간 사적공간(2009) 전시에 참여했다. 공상적인 작품으로 21세기의 31빌딩(2003), 보르헤스적인 보르헤스 기념관(2001), 적층도시의 사물들(1998 공동작업) 등이 있다. 2012년 『조선일보』에 파주 주택이 소개되었고, 2007년에는 『시사저널』이 선정한 한국의 영리더 27인에 선정되기도 했다. 주택 작업에서는 특히 건축주 가족의 소소한 삶의 바람들에 세심하게 대응하는 행복하고 내밀한 공간들을 빚어내기 위해 노력하고 있다. 설계 일을 시작하기 전까지 늘상 꿈은 '건축가'가 되는 것이었고, 현재의 꿈은 지금보다 조금이라도 더 나은 건축가가 되는 것이다.

김창균

prism082@nate.com

1971년생으로 서울시립대학교 건축공학과를 졸업하고 동대학원에서 석사학위를 받았다. 해병대사령부 건축설계실, 에이텍건축 등에서 건축설계뿐 아니라 다양한 작업에 참여하며 실무경험을 쌓았고, 2006년 (주)리슈건축사사무소 공동대표를 거쳐 2009년 유타건축사사무소를 개소하여 활동 중이다. 서울시립대학교 건축학부 겸임교수이며 2011년 문화체육관광부 주관 '올해의 젊은 건축가상'을 수상했고 2012년 서울시 공공건축가로 선정되었다. 주요작품으로 포천 피노키오, 서울시립대학교 미디어센터와 정문, 삼청동 가압장, 크리스탈카운티 C.C 클럽하우스, 서교동 BNB 리모델링, 완주주택, 국립과천과학관 감각놀이터, 상상어린이공원 화장실 등이 있다. 현재 양평, 원주, 철원, 이태원 등에 주택 프로젝트와 등촌동 임대아파트, 문화로 행복한 학교 만들기 등을 진행 중이다.

김주원

jw@hausstyle.co.kr

연세대학교 주거환경학과와 홍익대 건축도시전문대학원을 거쳐, 연세대 대학원 건축공학과에서 박사학위를 받았다. 2002년 MBC '신동엽의 러브하우스' 디자이너로 대중에게 알려지면서 대중의 정서에 보다 가까운 디자인 작업을 수행해왔다. 현대백화점 무역센터점, 주택공사 전남지사 사옥, 파인스톤 골프빌리지, 부띠끄 밀라노 등의 인테리어디자인 작업을 했고, 2003년 실내건축가협회 신인상과 2006년 실내건축가협회 협회상을 수상했다. 2010년 친구인 이현욱과 구본준의 자택을 인테리어디자인한 인연으로 (주)땅콩집의 파트너건축가로 참여하게 되면서, 집이 사람의 삶에 미치는 영향에 대하여 더욱 깊이 숙고하게 되었다. 2012년 집짓기서비스 브랜드 (주)하우스스타일을 오픈하면서 23인의 HS건축가그룹과 함께 '유쾌한 집짓기'를 시작했다. 현재, (주)하우스스타일의 총괄 코디네이터로 활동 중이다.

서승모

s@samusohyojadong.com

일본 교토 출생, 경원대학교 건축학과 졸업, 동경예술대학 미술연구과 건축전공으로 석사학위 취득 후 2년간 비상근 강사를 지내고, 2004년 서울에서 독립해 이제 8년차 건축가가 됐다. 최근 도쿄 사무실 개소를 준비 중이다. 대표작으로 한옥을 고친 SJ 주택, RSR, J 빌라 리노베이션, C 다가구주택, 백남준아트센터 파빌리온, 경기도미술관 뮤지움샵, 국립현대미술관 신호탄전에서 전시한 '방' 등이 있다. 요즘은 이곳저곳을 눈으로 보고 몸으로 느끼며 체득한 '한국성'을 어떻게, 공간으로 치환할 수 있을까에 대하여 고민 중이다.

우리 가족이 처음 지은 집

집짓기에 먼저 도전한 이웃들의 성공 포인트

건축주 가족 지음 / 마티 편집부 엮음

초판 1쇄 인쇄 2012년 10월 29일
초판 1쇄 발행 2012년 11월 2일

발행처: 도서출판 마티
출판등록: 2005년 4월 13일
등록번호: 제2005-22호
발행인: 정희경
편집장: 박정현
편집: 이창연, 강소영
사진: 이원재
디자인: 땡스북스 스튜디오

주소: 서울시 마포구 서교동 481-13번지 2층 (121-839)
전화: (02) 333-3110
팩스: (02) 333-3169
이메일: matibook@naver.com
블로그: http://blog.naver.com/matibook
트위터: http://twitter.com/matibook

ISBN 978-89-92053-70-9 (13610)

값 22,000원